U0152764

新编儒林典要

心斋学谱

王士纬 编

杨鑫 杨立军 导读 整理

图书在版编目（CIP）数据

心斋学谱／王士纬编；杨鑫，杨立军导读、整理
. —上海：上海古籍出版社，2023.9
（新编儒林典要）
ISBN 978－7－5732－0851－4

Ⅰ.①心… Ⅱ.①王… ②杨… ③杨… Ⅲ.①王艮（
1483－1540）—哲学思想—思想研究 Ⅳ.①B248.35

中国国家版本馆 CIP 数据核字（2023）第 164376 号

新编儒林典要

心斋学谱

王士纬　　编
杨鑫　杨立军　导读、整理

上海古籍出版社出版发行
（上海市闵行区号景路 159 弄 1－5 号 A 座 5F　邮政编码 201101）
（1）网址：www.guji.com.cn
（2）E-mail：guji1@guji.com.cn
（3）易文网网址：www.ewen.co

印刷　苏州市越洋印刷有限公司
开本　890×1240　1/32
印张　5.875　插页 5　字数 87,000
印数　1—2,100
版次　2023 年 9 月第 1 版
　　　2023 年 9 月第 1 次印刷
ISBN 978－7－5732－0851－4/B·1337
定价：48.00 元

目 录

丛书序：以工夫的眼光重看经典

时至今日，伴随外部环境的大动荡，时代精神正发生转折；风气的变化随处可见，比如电影和文学，从现实主义占主流到科幻、奇幻、仙幻之类持续风行。"由实转虚"所表征的其实是由外转内，不满足于物质的平面的生活，转而寻求立体的生命体验，寻求超越的精神之路。"举头望明月，低头思故乡"，我们周围弥漫的复古风，来自对古人生活的好奇和向往，更根本的原因则是对于曾经的立体丰富的生命生活的追怀。它在每个人内心涌动，起初并不自觉，更进一步，就有了追究生命精神来源的需求，这是我们今天重读经典的根本动力。

一、经典的本义

文化的核心是经典，因为经典蕴含着文化的根本精神和核心内容。此当无疑义。但什么是根本，什么是核心，每个人的认识可能不同，因此，各个时代对经典的认识（也就是那个时代的主流认知）也可能不同，有时候还会差异很大。在此意义上说，学问确有古今之别。换言之，古今学问变异的原因不在于学科的分类或使用工具的变化，而来自对经典的认识不同。

具体说来，不同时代对于经典的认知不同，有两种情况：一是对哪些书属于经典的认定有差别；比如儒家经典从"五经"到"四书五经"再到"十三经"，是经典范围的扩大。二是对经典的解释的差异，比如对于权威注疏的认定发生改变；举一个典型的例子，朱熹《四书章句集注》在成书的年代连同作者一起被排挤打击，后来地位逐步上升，到了明代则被定为官方意识形态的标准解释。

从古今之别的视野来看，首先是第一种情况，经典的范围明显扩大了，主要是将自然科学和社会科学的重要著作划入经典，同时人文经典的数量也有所扩充。而传统意义上的经典，虽然受重视的程度有所下降或起伏摇摆，但依然不可替代。这里透露出的信息是人类生活空间的扩张，以及重心的转移，其与第二种情况的古今变化紧密相连，而不若后者之深切著明，此不赘论。

就第二种情况的古今之别而言，二十世纪以来对经典的解释发生了巨大的变化。近人程树德曾说："今人以求知识为学，古人则以修身为学。"这句话见于程先生撰于 1940 年代的《论语集释》，概括了古今对经典的不同理解，推扩一层，实则是古今之学的本质性差异。

以下就以《论语》为例，来看看经典解释的古今变异。朱熹的《论语集注》的权威地位，伴随着科举考试教科书的身份一直延续到清末；1905 年废除科举之后，随同读经在教育系统中的弱化乃至取消，该书地位则持续走低乃至被彻底抛弃。及至今日，朱注重新被学界重视，但是以它为代表的经典解释并未回到原先的主流地位。当今在读书界影响最大的《论语》解读，以杨伯峻《论语译注》和李零《丧家狗》为代表；前者以其浅显易懂，译文流畅，在普通爱好者中流行数十年，且被作为文科学生的入门书，后者主要受到相对高阶的知识阶层的青睐。两本书写作形式和读者群体不同，对经典的认识理路却如出一辙。

就如这个书名，《丧家狗》说得直白，就是要去神圣化，还孔子"知识分子"的本来面目。杨著《论语译注》比较温和，因形式所限也没有直接阐发自己的见解，但是通过其译注，描画出的孔子也是一个具有人文主义精神的"知识人"形象。不消说，杨李心目中的孔子都是以他们这一两代知识分子的形象为蓝本的。不能说孔子身上没有这些因素，但以这个整体形象比附孔子，则不啻天壤。这背后的根源是现代性的问题，彻底追溯分析不是本文的任务，简言之，现代人是扁平化的生命，生命应有的丰富层次和可能达到的高度被"二维化"了，物质性生活和头脑性知识是此扁平化人生的表征；现代知识人超出普通人的主要是"量"的增加（知识、专业技能或逻辑思维能力的增加），而非"质"的变化（生命的净化提纯）或"性"的改变（生命层次的提升）。古代文化人（不论中西）以追求精神境界的提升为人生目的，其间或许有层次的差别，比如立足人间的君子贤圣，立足出世的得道证果，其共同点是生命的净化和高度层级的提升，而此质和性的跃升需要付出持续的努力乃至毕生的精力。

或许有人会说："所谓精神追求我们不是一直都在提倡吗？现代人并未抛弃精神、道德呀。"是的，这些词我们还在用，但是已经偷换了概念。精神、道德的提高，本义是向上的质的提升，而现代人却是在平面上使用这些词，说一个人道德高尚，只不过是说他遵守伦理规范，做事有原则，有正义感等；说一个人有精神追求，不过是说他文化生活丰富，艺术品位较高等。不错，古人的精神、道德也离不开这些内容，但这些内容最多只是提升自我的起点或方式。究其根源，之所以有这种偷换且不自知，是因为截断了这些词背后的天人连接。在人类各民族的上古神话里，都有天人往来交通的描述，后来"绝地天通"，天人之间断绝了直观形象意义上直接往来，但是精神的连通始终保持，作为人类文化的共同根基，并且成为文化基因灌注在每个词语之中。而现代化以来，这种精神的连接逐渐中断了，词语也成了无根漂浮之物。且以"道德"一词为例，略作讨论。

　　现代语境下的"道德"与古典的道德，并非一回事。就本义而言，"道"是宇宙万物的本体，"德"是道在具体事物中的呈现。道下落到每个事物中，事物各自以其特有的方式呈现道，称为德。因此德一方面与道连通，一方面又是某一事物之为此事物的根据。如果没有德，某一事物就不成为它自己了，因此一个人如果没有德，就不成其为一个人。德对于人来说，是保证他是一个人的根本，并且是由此上通于道的依据（所以孔子说"志于道，据于德"；由德上通于道则需要"修"，称为修身或修道，所以接着说"依于仁，游于艺"，就是修身的方法），因此是人的第一需要。后来把这两个字组成一个词，表达的正是道的根源性和彼此的关联性，所谓天人之际，所谓万物一体，俱在其中。因此，"道德"在传统话语中是最高序列的词，代表人类精神领域的源头，具有神圣性。

　　现代语境中"道德"的含义，大致对应古代汉语的"德"字的层面，但道的意义已经被弱化甚至切断了，因此"德"也就不是原来意义的德。现代语境中的道德，一般是指为了使人与人和谐相处，或者维系社会秩序而对个人的伦理要求，进而固化为社会行为规范。这里的德不再与道相连，因此也失去了其为人之根本和第一需要的意义，成为一个附加在自然人身上的，因应社会需要而后起的东西；因此，通过个人的道德修养而上通天道、与道合一的途径也湮灭不彰，此之谓"天地闭，贤人隐"。由此可见，现代一般所谓的道德，是实用主义的产物，与古典的道德相比，成了无源之水。

如是，"道德""精神""性命""心灵""修身"这些词的本义都连通着天道，是故孔子说"下学而上达"，抽离了"天"之维度，亦不成"人文"；如此"天人合一"的人文，才可以"化成天下"（见《易经·贲》象辞），此之谓"文化"。现代性的弊病在于将立体的上出的精神维度拉低到平面的"量化"的物质和知识层面，从而取消了人通过自我修炼成为"超人"以自我实现这一向度。因此，古今人的特质不妨分别用"知识人"和"文化人"① 来指称。

---

① 美籍罗马尼亚裔学者伊利亚德（1907—1986）曾创设"宗教人"概念，用以与知识化的现代人相区别，宗教人所指的内涵略同于本文说的"文化人"，都指向精神的丰富和提升；中国传统"文化"观念所涵甚深广，可以包含一般理解的宗教。伊利亚德有很多宗教文化学、神话学的著作，对此问题多有精辟的分析和洞见，可以参阅。

站在古人的立场上，如果历史定格于此，那就不仅是"三千年未有之大变局"，而是"人将不人"。幸好，对于现代性弊端的认识伴随着现代化进程而逐渐深入，由知识人再到文化人的转折已经悄然来临，而且携着科学这件利器的回归，某种意义上可能是更高层面的回归。就如历史上常见的情况，根本性的变化往往先从边缘地带发生，逐渐渗透到主流文化形成风气，再带动底层民众的转变。当今之际，边缘向主流渗透之势已成，但主流仍旧唱着老调，因此这些话虽然也已不新鲜，还是得一说再说①。

传统的经典，不论中外，都是以精神提升为核心的。经典的类型不同，情况亦有所差别。宗教类经典以出世为目标，当然是以精神提升为主的。世间经典，比如儒家类，则精神提升与世俗生活兼

---

① 笔者深知，这样的论述很难使自居现代知识人者信服，所谓"只缘身在此山中"，道理不难懂也不难验证，问题是障蔽已深，自以为是，正坐孟子"自暴"之病，所谓"自以为是，而不可与入尧舜之道"。本丛书的目标读者是对于传统修身之学心向往之，至少是保持开放的心态，愿意倾听内心的声音的人，固步自封者不足与论。

顾，即"内圣外王之道"，但仍然是以自我的精神提升为主导，以精神生活贯通物质、社会生活，此之谓"吾道一以贯之"，"壹是皆以修身为本"。具体说来，就是需要按照一定的修养方法，经过积累淬炼而发生质变，达至某种超越凡俗的精神境界。推己及人，又可以分为自我提升、帮助他人两个方面，即学习与教化，自觉和觉他。

仍旧以《论语》为例。《论语》有两个核心关键词，一个是"学"，就是自我精神提升的过程，用宋儒的话说：学是为了"变化气质"，"读《论语》，未读时是此等人，读了后又只是此等人，便是不曾读"（朱熹《论语集注》引程颐语）。另一个词是"君子"，即学的目标：达到一定的精神高度，成为一个真正的人。君子只是一系列境界坐标中的一个，往上还有贤、圣等。"学不可以已"，学习是无止境的，人生就是不断攀升的过程，孔子现身说法，用自己的一生诠释这个过程："吾十有五而有志于学，三十而立，四十而不惑，五十而知天命，六十而耳顺，七十而从心所欲不逾矩。"孔子孜孜以学，精进不已，以差不多十年一个台阶的速度将生命提升至极高的地位，生动而明确地示现了学习是精神的提升，是质的飞跃，乃至性的改造。但是如果换成现代的知识化的眼光，则会作出另一种解读。

就如《论语》开篇第一章：

> 子曰："学而时习之，不亦说乎？有朋自远方来，不亦乐乎？人不知而不愠，不亦君子乎？"

字面意思很简单，但是如何理解其真实含义，对于现代人却是一个考验。比如第一句，"学而时习之"，很容易想当然地把这里的"学"等同于现代教育的"学习知识"，那么"习"就成了"复习功课"的意思，全句就理解为学习了新知识、新课程，要经常复习它——直到现在，通行的《论语》译注包括中学课本，基本还是这么解释的。但是，我们每天复习功课，真的会快乐吗？

其实这里发生了根本性的理解偏差。古人学习的目的跟现代教育不一样，其根本目的是培养一个人的德行，成就一个人格完满、生命充盈的人，所以《论语》通篇都在讲"学"，却主要不是传授知识，而是在讲做人的道理、成就君子的方法。学习了这些道理和方法，不是为了记忆和考试，而是为了在生活实践中去运用、在运用时去体验，体验到了、内化为生命的一部分才是真正的获得，真正的"得"即生命的充盈，这样才能开显出智慧，才能在生活中运用无穷（所以孟子说：学贵"自得"，自得才能"居之安""资之深"，才能"取之左右逢其源"）。如此这般的"学习"，即是走出一条提升道德和生命境界的道路，达到一定生命境界的人就称之为君子、圣贤。养成这样的生命境界，是一切学问和事业的根本（因此《大学》说"自天子以至于庶人，壹是皆以修身为本"），这样的修身之学也就是中国文化的根本。

所以，"学而时习之"的"习"，是实践、实习的意思，这句话是说，通过跟从老师或读经典，懂得了做人的道理、成为君子的方法，就要在生活实践中不断（时时）运用和体会，这样不断地实践就会使生命逐渐充实，由于生命的充实，自然会由内心生发喜悦，这种喜悦是生命本身产生的，不是外部给予的，因此说"不亦说（悦）乎"。

接下来，"有朋自远方来，不亦乐乎"，是指志同道合的朋友在一起共学，互相交流切磋，生命的喜悦会因生命间的互动和感应，得到加强并洋溢于外，称之为"乐"。

如果明白了学习是为了完满生命、自我成长，那么自然就明白了为什么会"人不知而不愠"。因为学习并不是为了获得好成绩、找到好工作，或者得到别人的夸奖；由生命本身生发的快乐既然不是外部给予的，当然也是别人夺不走的，那么别人不理解你、不知道你，不会影响到你的快乐，自然也就不会感到郁闷了。

以上的说法并非新创，从南朝皇侃的《论语义疏》到朱熹的《论语集注》，这种解释一直是主流。今天之所以很多人会误解这三句话，是由于对传统文化修身为本的宗旨不了解，先入为主，自觉或不自觉地用了现代观念去"曲解"古人。

二、工夫路径

经典的本义既是如此，那么其内容组成，除了社会层面的推扩应用之外，重点自然是精神提升的路径、方法,实践过程中的经验总结,以及效果境界、勘验的标准等,所有这些,传统上称为"工夫"(或"功夫")。

能够写成文字的只是工夫的总结和讨论,可称为"工夫论",对于工夫本身来说,已落入"第二义"。由此可知,工夫论应该以实际的工夫为准的,实际工夫来自个人的亲身体验。经典中的工夫,既然是用来指导后来者的实操指南,那么此工夫就应来自公认的成就者,即被大家和后人认同的具有极高精神境界的人,中国文化称为圣贤。所以对工夫可靠性的认定,来自对成就者境界的认定,而境界的认定又来自于其人展现出的"效验"和"气象"。

或许有人会问,既然精神境界无形无相,古时候那些圣贤是凭什么认定的?对于普通人而言,对于圣贤的认定需要通过间接、逐次的方法和长期的过程。按照精神高度的差别,人可以分成不同的层级,圣人好比在九层楼,贤人在七层,君子在五层,我们普通人在一层。如果在一层的人想要知道某人是否在九层,一个可行的办法是先认定一些在二三层的人,再通过二三层间接认定更高层的人。

二三层人看到的景观虽然与一层有所不同，但是比较接近和类似，比如不远处一所房子还是一所房子，只是小一点；二三层还可以看到更远处一些景物，一层人虽然看不清但也能看到大致的轮廓；因此可以依据一层的经验判断这些人所描述的景象是否真实可信，以此来认定他们是否真的在二三层。待到多认定一些二三层的人，会发现这些二三层的人会共同认定某些五层的人，在一层的人就可以基本相信那些人是君子；君子虽然高出一层人很多，所描述的在五层楼上看到的景观，有些一层人根本不曾见过，但是既然我们认定的二三层人都说那是真的，那么我们也就愿意相信是那样的。同样道理，我们可以逐级向上，通过君子来认定贤人，通过贤人来认定圣人。如此，被很多同代人认定的圣贤，记录了他们的实践经验的著作会流传下去，后面一代代人则主要通过这些著作再来认定（其实认定的途径不限于此，超时空的感应乃至神通在精神实践层面也是重要的方式，此暂不论），这样经历代反复确认过的人就被公认为此文化传统中的圣贤，他们的著作则被确认为经典。地位确立之后，后来的人们也就会以经典，也就是圣贤的言说当作行为和自我提升的指南，佛教中称为"圣言量"。但是从根本上说，圣言量也只是间接经验，对于我们的本心本性而言，还是外在的参考标准，只是我们目前无法获得直接经验，所以需要先"相信"经典。

如果我们只是作为一个凡人生活一生，并不作自我"升级"之想，那么这些经典确实可以在宽泛的意义上指导我们，使我们维持住现有的水平，不至于堕坑落堑，想要达到这个最低目标，需要对经典和往圣先贤有敬畏之心；如果希望自我提升，走君子圣贤的超越之路，那么这些经典记载的圣贤经验更可以给我们指明方向，引领扶持，这同样需要对经典和圣贤有恭敬心和信心。但是，对于后者，对经典和圣贤的"信"就不是一个固定值，而是一个过程，需要在实修过程中逐步验证落实"信"。回到那个比喻，普通人从一层起步攀登之初，就需要树立顶层的目标，同时对于二层乃至顶层的风景有一种想象和向往——此为起初的"信"，来自圣言量，可称为"虚信"——这非常重要，不仅是确立前进的方向，还是攀登的动力。当来到二三层时，一方面原先对二三层的揣测就落实为亲证，一方面对于四五层的风景也有了更进一步的认识，同时信心也就更落实。等我们到达第五层，就实证了君子境界，并且对贤圣境界有了更亲切的体会、更明确的认识；或许终于有一天，登上了第九层，会完全确证经典上的话。——就是这样，一步一步，以自己的体验逐步印证圣贤的经验，将圣贤的经验化为自己的体验；与此同时，也由最初的"虚信"逐步落实到亲证的"实信"，此为"证量"（与"圣言量"相对）。假如不是这样走亲证的道路，只是站在原地凭借头脑意识或想象、或推断，则始终不脱空想窠臼，现代学者多坐此病，佛家谓之"戏论"。当年大程子批评王荆公只如对塔说相轮，不免捕风捉影，而自己则"直入塔中，上寻相轮，辛勤登攀，逦迤而上"，终有亲见相轮之时（《河南程氏遗书》卷一），可谓切肤入髓，惜乎今人多不察也。

圣贤留下不同的经典，路径和方法有别，体现了各人特性、处境的差异，传统称为"根器""机缘"。修证的第一阶段，需要确定适合自己的路径和导师，过此方可称"入门"。就儒门而言，孔子身后，儒分为八，表征了学问路径的分化；论其大端，向有"传经之儒"和"传心之儒"之分。所谓传心之儒，并非不传经，而是以修身为本，这样在解经传经之时，以工夫体验作为理解和诠释经典依据，如果修证有方，则虽不中亦不远矣。所谓传经之儒，乃以传经为务，其释经亦以理论推导、文字互释为主，传经者如果缺少实证经验（没有自觉用工夫或工夫境界太低），很可能转说转远。如汉儒说经动辄万言，政府立"五经博士"，解经传经成为学官专业；"传心"式微，转为边缘暗流，可以想见。与此同时，经学乃至儒家本身的衰落也就蕴含其中了。如前所述，文化和经典的根本在于个人身心的实践，亦即须有可操作的修持方法，还要有一代代的成就者保证这些方法的效果和传承。因此传经之儒保证不了经典的鲜活性，当传心一脉中断，工夫路径湮没，经典变异成历史资料集之时（喊出"六经皆史"的，必然是儒学衰微的时代——清代主流自称"汉学"自有其学术依据，亦与汉儒同坐其罪），作为学派的儒家即失去了其根基，很容易沦为统治工具。时代精英亦自然汇聚到佛、道门中，所以有"儒门淡泊，收拾不住"的感慨。

这正是宋儒所要解决的问题。汉宋之变，其实质就是回到"传心"的路径上。曾子、子思、孟子一脉，被宋儒拈出，特为表彰，与《大学》《中庸》《孟子》经典地位的确立一道，成为孔门正宗。其背后的原因，前人多有考论，如果从工夫的角度来看则昭然若揭。支撑宋儒的，并非当今哲学史家看重的一套"性命理气"的理论系统的建立，而是找出清晰的工夫路径和可操作的修身方法，其心、性、理、道等名词概念主要是为了说明工夫原理和实践经验①，这里当然有佛、道二教的刺激，但宗教间的竞争根本上不是理论的争辩，为了生存，必须找到自己的修行成圣的路径和方法，如果要竞争，也只能从这里竞争，看谁的方法有实效有保证。并且对抗往往先从内部开始，所以有"道

---

① 这里当然也涉及现代所谓"宇宙生成论"问题，但并非来自理论的兴趣。"天""道"既是生命的来处，也是工夫的源头，《中庸》首章说得明白："天命之谓性，率性之谓道，修道之谓教。""率""修"已进入工夫领域，下面紧接着就是工夫的具体展开："道也者，不可须臾离也，可离非道也。是故君子戒慎乎其所不睹，恐惧乎其所不闻。……"此外，"天""道"还是修行的目标或人之归宿。儒道二家于此大体一致，只是着眼点不同：儒家重起点和此生，故以人道合天道；道教重目标和去处，故多天界神仙之谈。

统"论的建立。韩愈发其先声，谓"轲之死，不得其传焉"，宋儒接着说，其后千有余年，乃有周、程诸子出，直接孔孟之传，其表征的正是"传心"对于"传经"之儒的拨乱反正。

类似情形在佛教内部亦有发生，不妨参照。唐朝初年玄奘法师载誉归来，翻译大量经典，并开创了中国唯识宗，国主僧俗崇信，一时无两。然而二三传之后，唯识宗即迅速衰落，取而代之的，则是密宗（这里指的是从"开元三大士"入唐开始，从玄宗到德宗皇帝尊崇的唐密）和禅宗。唯识宗不论在印度还是中国，其特长在于理论系统的完备深密，与之相应，其修持方法也以深入细密辨析心相为主，高度依赖于学识和思辨力，难于落实到一般人的修持操作上，因而一个直观的结果就是，如玄奘大师这样的成就者太少，后继乏人。修行路上，普通人要付出艰苦长期的努力；其间的动力，除了获得可以感知的"法效"之外，还需要榜样的力量支撑。相较而言，之后的唐密则不仅有完整的修持仪轨可以凭依，几代祖师所显示的功效和神通令皇室心折，数朝奉为国师；禅宗的修证虽以不落文字著称，但其修持路径和方法是清晰的，对于相应的根器而言，依然有章可循便于操作，且其代代相传，皆有明心见性的宗师作为保证。后来密禅二宗亦相继衰落，其根本原因也是在修证方面的后继乏人，传承中断，① 可见宗教（此取其传统和宽泛意义）的根本在修持，修持须有可行的方法和切实的效果。

三、从浑融到精微

宋儒的使命，是从秦汉以来榛芜已久的荒野之中辟出一条路，由凡至圣之路。

说开辟，毋宁说是恢复。因为由凡至圣的途径，至迟在孔子那里，已然清晰呈现了。如前所述，"学"，就是孔子开辟的这条路的宣言——孔子自己示现了从凡夫（"吾少也贱"）自励修学（"吾十有五而有志于学"，"十室之邑，必有忠信

---

① 唐密衰败之由，主要是外部环境压迫造成的传承中断，其经唐武宗毁佛教、朱元璋禁习密，遂于汉地中绝，所幸唐德宗时传于日本，兴盛千年，民国间乃得反哺中国，流传至今。禅宗的逐渐衰落，则主要因为随着时代更替学人根器跟不上了，这也是宋明之后禅净合流，乃至净土独盛的内在原因。

如丘者焉，不如丘之好学也"），逐步提升直至贤圣（三十、四十、五十、六十、七十，十年一个台阶，一个新的生命境界）的全过程。孔子自居于"学者"，即终生学习的人，且只问耕耘不问收获："若圣与仁，则吾岂敢？抑为之不厌，诲人不倦，则可谓云尔已矣。""为之不厌"，学也，即自觉；"诲人不倦"，教也，即觉他；更深入一层，所谓教学相长，学也是教，教也是学：均是过程中事，不自居于已成。这里既是表示自我态度，也是为后儒立法，效法天道，永远在"学"的过程中，"天行健，君子以自强不息"，是以《易》终于"未济"。

当然这并不妨碍，或许更使得学生及后人推崇孔子为圣。到了汉代，更是由圣而神（倒也并非无据，孟子说"大而化之之谓圣，圣而不可知之之谓神"），被赋予了很多神通异能；更重大的变化是，孔子被认为是天降圣人，不学而能，其使命乃是为后世立法。因此汉儒说经，重经世而轻心性；演绎神异，乃有谶纬。如此一来，孔子示现的成圣之路既不得信重，《论》《孟》、五经里的工夫路径亦湮没不彰。

究实而论，汉儒那里未始没有工夫。高推圣境，敬天祭神，背后是一种虔敬之情，这是从神话时代延续下来的宝贵资源，其本身也可以成为工夫，但是汉儒对此缺乏自觉的意识，则其自我提升的效用亦微矣（类似于宗教中的善信之众与"修士"之别）。与此对照，相信凡人可以成圣，自觉运用工夫以提升自我，这是孔子提炼出来的中国文化中至为宝贵者，这种自信自觉在汉儒那里重归晦昧，是非常可惜的。在此意义上，儒学在汉代是一个曲折。

接下来的魏晋南北朝至唐、五代，对于儒学而言确乎漫长而晦暗，与之对照的是佛、道二教的蓬勃发展。其间正是二教工夫体系的成熟期，唐代佛教各宗相继而兴，大德高僧灿若群星；道教丹道修炼也逐渐系统化，形成自己的特色。宋儒的异军突起，正是在这样的环境里产生的；所谓"礼失求诸野"，一面是自身传统的失落千年引其奋发，一面是二教工夫修炼的丰沃土壤足资滋养。回看宋儒的道统说，以周程直接孟子，体现的既是传心之儒的认祖归宗，更是身心修养工夫的回归以及贤圣可期的自信自强。"问渠哪得清如许，为有源头活水来"，只有在此意义上，儒学才是真正的活的学问。

宋儒重建的工夫系统，立足于对孔颜曾思孟工夫的回溯和整理，同时融入了时代特色。概括言之，先秦道术皆脱胎于上古之巫①，巫术可谓一切工夫的源头。经过孔子提炼的工夫，乃以人的活动为基，在生活中自觉地以人合天；巫的本质是"降神"，即神灵来合人（当然有高级的"神显"和低级的"附体"之分，此不深论），工夫则是人通过自觉的精神修炼以上合天道。但是孔门工夫中，天人、人神的联系仍然紧密，礼、乐、《诗》、《易》中在在可见。礼乐来源于祭祀，而祭祀则是巫的重要领域。作为孔门工夫的"礼"，保留和强调了其

---

① 此"巫"请勿误解，巫字从字形上看其义显豁，乃是沟通天地人的媒介。远古时代，天人往来畅通，后来"绝地天通"（首见于《尚书·吕刑》），天人的沟通就成为一种专职，由具有灵性能力和专门技术的少数人掌握，这个特殊群体称为"巫"，大巫不仅掌握通灵之能和术，也是文化的传承者和氏族王朝的首领。这种情况，在伏羲女娲等远古传说，《山海经》的各种神异记载，乃至《史记》开篇的《五帝本纪》中，仍然可以窥其大略。

中的虔敬之情，比如"祭如在，祭神如神在"①。
《乐经》虽不传，乐的精神在《诗经》里尚可想
见；乐，就是情感的和乐状态，需要在人之"常
情"中体验，比如经孔子删述的《诗》三百，以
《关雎》的男女之情开始，以"颂"的敬天娱神结
束，合乎《中庸》所言"君子之道，造端乎夫妇，
及其至也，察乎天地"之序，亦为"情"之工夫次

---

① 这句话现代人往往简单当做比喻而轻忽，孔子的
"如"，只是区别于生人肉体的存在，不妨其为具体生动的鬼神
之"在"。《中庸》引孔子的话说"鬼神之为德，其盛矣乎；
视之而弗见，听之而弗闻，体物而不可遗"，是说鬼神确乎存
在，但不能用肉眼见，不能以耳朵听。如何感知呢？"使天下
之人，齐明盛服，以承祭祀；洋洋乎，如在其上，如在其左
右。"人以诚敬感格鬼（这里是指祖先）神，切实感受其降临
身边，此为精神的感通，其工夫的关键是用心用情。下面的一
段描写更具体形象：

　　齐（斋）之日：思其居处，思其笑语，思其志意，思
其所乐，思其所嗜。齐（斋）三日，乃见其所为齐（斋）
者。祭之日：入室，僾然必有见乎其位；周还出户，肃然
必有闻乎其容声；出户而听，忾然必有闻乎其叹息之声。
（《礼记·祭义》）

"思其居处，思其笑语，思其志意，思其所乐，思其所嗜"，此
为工夫。这里的"思"是思念，不是思考，思考用脑，排除情
感；思念用心，有情，用回忆不断加强情感的浓度。"见乎其
位""闻乎其容声""闻乎其叹息之声"，此为效验。此处的见
闻，也不是肉眼、耳朵所得，而是心的感通。

第。① 孔子韦编三绝，作《十翼》，《易》在孔门工夫中之地位可知，而《易》道幽微，处处皆寓天人感应，为下学上达的高阶教程。一言以蔽之，孔门工夫是天人连通、情理交融的，其形态特征是浑融的。

宋儒的工夫特色，也要从其历史环境变化，及其所处的实际生活状态中理解。相较于先秦，中古时期天人关系进一步疏远，日常生活中具体可感的乃是世间鬼神（民间所说的"三界"中，天界高高在上，与人关系紧密的是人间和冥界的鬼神仙灵）。在宋儒那里，一方面对于祖先以外的世间鬼神持一种疏离或排斥的态度，另一方面"天"高悬

---

① 《史记·孔子世家》中生动记载了孔子学琴的经过：

孔子学鼓琴师襄子，十日不进。师襄子曰："可以益矣。"孔子曰："丘已习其曲矣，未得其数也。"有间，曰："已习其数，可以益矣。"孔子曰："丘未得其志也。"有间，曰："已习其志，可以益矣。"孔子曰："丘未得其为人也。"有间，有所穆然深思焉，有所怡然高望而远志焉。曰："丘得其为人，黯然而黑，几然而长，眼如望羊，如王四国，非文王其谁能为此也！"师襄子辟席再拜，曰："师盖云《文王操》也。"

以工夫的眼光看，此是通过操琴，逐步澄明自心的过程，"志于道，据于德，依于仁，游于艺"乃孔门工夫论之总纲，此则生动展示了"游于艺"，即由技入道的工夫路径。同时艺乐不离神人之交感，最后文王之相赫然呈现，亦即"以乐通神"的境界。

为遥望的近乎抽象的存在，这既是时代原因造成的天人远离，也体现了宋儒阐发的"理"的特征。这一转化可称为"以理代天"。

上古时代天人的紧密关系，可以从遗典中窥见，经过孔子删述的五经，依然保留了这样的底色。彼时天人之间通过巫而上达下传，通过祭祀卜筮等建立联系，经孔子转化为礼、乐、《诗》、《书》、《易》的工夫，增加了自觉的修身意识，但其工夫注重感应和情，与上古的巫文化仍是血脉相连。感应的基础是"情"，情既是人的自然需求，又可以作为工夫和教化的重要方式，因此有学者依此精神将诗教礼教称为"情教"。宋儒继承了诗、礼的教化传统，但是其中情感的作用明显减弱了，比如朱子解《诗经》，始终有意识地将人情导归于中正平和之理，可说是"以理化情"。

例如，朱子解释《关雎》，延续汉儒之说，认为此诗主旨乃表"后妃之德"。《关雎》所表达的浓郁的男女情爱，因而转变为以德相配的"理性"态度。"求之不得，寤寐思服，悠哉悠哉，辗转反侧"，其心念相继、情思绵绵之态，朱子解释为："盖此人此德，世不常有，求之不得，则无以配君子而成其内治之美，故其忧思之深，不能自已，至于如此也。"把春草般自然之情思，加了一个曲折，变成了因寻思其德之稀有难得而求配的"忧思"，此"忧思"无疑含有理性成分（甚至有功利的衡量："配君子而成其内治之美"），与直接发自身心的"情思"已非同一层次（用佛家言，情思属"现量"，忧思则属"比量"）。从朱子的角度来看，《关雎》表达的世俗之情、男女之爱，须拉到后妃之德上去才能符合"经"的地位。然而，《关雎》乃《诗经》开篇第一首，对照于《论语》首章的开宗明义，地位不可不为隆重，以汉儒、朱子的解释，显然不能相应（"后妃之德"乃《毛诗序》之言，郑玄则走得更远，乃至于有后妃另求淑女为妾以配君子之说）。这里表征了不同时代儒家工夫中，情的地位和作用的差异。在孔子那里，作为天人相应的基础的"情"，并非无源之水，其发端恰在于男女之爱情，就如孝亲之"孝"本是"私情"，却为"仁之本"（《论语·学而》："有子曰：孝弟也者，其为仁之本与！"）。再如《易经》上经讲天道，下经论人道，并有对应关系；上经以乾坤二卦、下经以咸恒二卦开始，即以男女之情对应乾坤之合。抛开男女之情，不惟不近人情，难于实行，恰恰失去了体会天人相应的良机；真切体会男女相爱慕的自然直接，彼此情思的绵绵不绝，将之延伸到慕天爱神，思念相继，这就成为工夫，而且是根本的直接的工夫。就如印度瑜伽修炼的分类，按照《薄伽梵歌》所示，"敬爱瑜伽"直接与神连接，乃是最简易直截的工夫，礼乐《诗》《易》的工夫庶几类之；宋明理学则类似于"智识瑜伽"，其修持工夫是依据"自力"、偏重"理性"（此处借用理性一词，包含了心性和后天意识）的，其形态特征是精微的。

回顾工夫的发展历程，上古巫术的阶段，巫的身份基本是"天选"的，其天生具有通灵的特质，在某个特殊机缘或经过一定的训练，获得"降神"和"出神"的技能①，起到沟通天人、人

---

① 此类工夫和技能并未消失，而是不同程度和不同形态地保存三教和民间宗教中，前者除了与感应、加持有内在联系之外，主要体现在民间扶乩等方术以及巫女神汉的那里，演变成仙灵附体，与上古沟通天人的巫已不可同日而语；后者则成为重要的宗教修炼术，比如道教内丹、佛教密宗等都不乏这样的记载，甚至儒家例如王阳明的传记里也有类似的传说。究实而言，出神或神游乃是修炼到某种境界时的自然效用，不是某家某派专有的，区别只在于是否将此作为自觉的工夫或追求的境界。

神的作用。孔门工夫的意义，则是将少数特别人掌握的特殊技能转化为具有普遍意义的，普通人可以学习的，用于提升精神高度的方法。其与巫术的连接在于，一面保留和提炼礼乐仪式及其内涵的情感作为重要工夫手段，一面不刻意追求但也不排斥天、神（灵）在中间的强化作用——与此类超时空存在保持不即不离的态度——不追求，是因为没有特殊机缘的普通人难以获得，反而容易产生副作用；不排斥，是因为此类作用真实存在，且往往会产生奇妙的效果。汉儒则在此意义上有所倒退，即回到了以天和神为中心的，将孔子视为天选和沟通天地的大巫，从而弱化了儒学的工夫内涵，使得孔子开出的"下学而上达"工夫路径晦昧不明。宋儒重新清理出这条以人为本的工夫路径，且在孔子的基础上进一步强调了人人可以学而至圣；因为强化以普通人为基础的路径，则弱化了天和神在工夫意义上的"加持"之力；工夫转移到对心性的高度自觉的精细磨炼（黄宗羲《明儒学案发凡》所谓"牛毛茧丝，无不辨晰"），同时削弱了作为工夫的"情"的地位和作用，以及与天连通的"礼乐"之本义，使得礼成为心性磨炼的辅助手段——所谓"内外夹持"工夫之"外"的一面——或者作为社会规范和"戒律"意义上的外在约束。

宋明儒学内部又有理学、心学的分化。相对而言，从大程子到陆象山到王阳明这一路，更注重"心"的感应、灵明作用，因此被称为"心学"。相对于小程子、朱子一路的更理性化、更重礼的外在规范作用，心学则对于诗的情感特性更有感觉，比如大程说《诗》注重"吟咏情性"，"浑不曾章解句释，但优游玩味，吟哦上下，便使人有得处"（《近思录》3.43，3.44），因此其个人气象更接近孔孟浑融和乐，令学人"如沐春风"，与小程之"程门立雪"恰成对照。这里不当只看作个人气质之别，亦体现出工夫路径的差异。

陆王一路可以看成是在宋明范围之内的"传心之儒"，相对而言，程朱一路则更偏于"传经之儒"。如果借用佛家自称"内学"的含义，用内、外来标识学问与心性工夫的紧密程度，"传心之儒"为内，"传经之儒"为外，同时两派之内又可再分内外，图示如下：

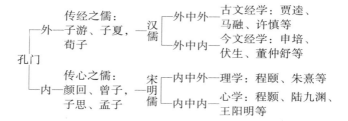

心学在一定程度上对理学起到了平衡中和的作用，使其不至于产生大的流弊。但是理学的工夫路数也是时代背景下大多数人"心理状况"的反映，随着天人远离，心灵能力普遍退化，或者说灵性充足的人变得稀少，人们越来越习惯于运用脑力（理智）。因此心学兴起的内在动因，即是不满于理学之偏于理性和知识（理学可说是心脑参半，在心学看来则是主次不分），将工夫全部收归当下之"心"，虽则其简易直截大受欢迎，但是当心学普及推广时，其困难也就显现了——普通人难以直接切入灵性层面，容易流于意识的模拟想象，其流弊至于认欲为理，猖狂恣肆。这也是阳明后学分歧的根本原因。理学、心学的差异当然与个人气质特点相关，每个人需要找到适合自己的路径，也就决定了会有偏于理或偏于心的选择；同时，在心上用功也需要找到适合自己的抓手，或当下直入，或迂回而进，或寻求辅助，这又在心学内部造成差异和分化。

到了明末清初，心学困境、流弊加上时代风气的外力影响，使得儒学主流逐渐向理学复归，及至清中后期又进一步成为"礼学"；此时的礼教已经基本丧失了孔门工夫中的情和感通的一面，也就失去了"礼意"，而专成为外在约束的、僵化的教条，从而堕落为统治工具，所以才有"五四"时期"吃人的礼教"这样的控诉。这是礼乐精神一步步失落和变异的过程。与此同时，则有清代"汉学"的兴起，认祖归宗于汉代传经之儒（主要是古文经学），此为儒学的知识化。遭此内外夹击的儒家又一次进入低谷。谁曾想，清末以来又遭遇全球现代化的大潮，以内圣工夫为性命的儒学，连同同气连枝的佛道二教一起，被卷入了前所未有的深渊。此为"三千年未有之大变局"之本质①。

———————

① 清代儒学虽肌体逐渐衰弱，其能维持生命保持一口真气，仍是靠的宋明儒学的延续，不绝如缕。所谓同治中兴，其根骨乃是曾国藩师友团体以讲学修身相砥砺，带动振刷朝野风气的结果。无奈时代大环境，就心性实践之学而言，已然踏入一个循环中的"坏、空"之相。作为曾门弟子的李鸿章，无疑是对于儒家运命、现代风潮有双重刻骨感受的人，能说出这句直透骨髓的话实在情理之中。这一时段的相关论述，可以参阅拙文《常道与常识：重估梁启超之路》（载《原学》第一辑，复旦大学出版社，2021 年）。

以熊十力、马一浮、梁漱溟为代表的现代新儒家，以及佛教复兴运动，均属文化"返本开新"思潮的一部分，都应看作对此"大变局"的自觉反应。而现代新儒学需要面对的，表面的一层是中国文化怎样应对现代化的冲击，这是容易看到的层面，而且儒家作为传统文化的代表冲在前面。更深一层的问题，则如同上一次新儒学（海外学者习称宋明儒学为"新儒学"）创立之时所面对的，是工夫路径的湮没和人才的旁落，这一层则容易被忽略。现代新儒家因此产生分化，而大部分人包括后来成为主流的熊牟师弟将主要精力放在了儒学哲学化的理论建设，即应对第一层冲击，对自身加以转化，此固有其时代意义，但如果脱离了工夫（修身）之根本，难免陷入当年唯识宗的困境。①

————————

① 现实情况也是如此，熊、牟（宗三）一系新儒家辗转港台之际，声名远播，然而两三传之后，完全学院化，与一般儒学研究者无异。当年余英时与新儒家意见不合，曾有"游魂说"，认为儒家学说是建立在宗族和政治制度之上的，制度不存，魂无所寄；依本文观点，则儒家精神在修身，工夫不存，其病在"失魂"也。关于现代新儒家的分歧和演变，请参阅拙文《熊十力与马一浮——试论现代儒家的两种取向》（载《马一浮研究》，上海古籍出版社，2008年）。

四、我们今天怎样用工夫

回到自身，处于这样一个天翻地覆的大环境，怎样学习经典的工夫，改造自我的生命，这是我们的时代命运，必须自己解决。就工夫路径而言，所谓"法无高下，对机则宜"，法门无量，而每个"机"都具有特殊性，需要找出适合自己的那一条路。"机"有两个层面，一是个人的根机（根器），二是外在的机缘；"对机"，意谓修行方法既要适合修行者本人的特点，还要适应当下的时空环境，便于实行。基于此，又可将问题分为两步：第一，弄清楚经典提供的不同路径各自的"对机"；第二，认识今天我们自己的"机"，选择相应的道路，并在修行过程中根据具体情况加以调适。

经典和古人所提供的路径是一些个案，我们读书时需要时刻有这个意识，在还原"当机"（所对之"机"）的前提下理解这些工夫路径，也就是孟子说的"知人论世"：知人，即认识此人的根机；论世，即了解他所处的环境。在此前提下，才能充分把握其路径的本质，才能明白此个案对于自己的参考作用；如其不然，就像拿着别人的药方生搬硬套用到自己身上，不得其利反受其害。

于此有一典型事例且对于我们今天用工夫影响甚大者，不能不有所论列，即如何理解宋明儒之"辟佛老"。

此问题的由来，主要关乎在特殊时代环境中建宗立派。如前所述，宋儒怀抱复兴儒学的强烈愿望，又需要在继承中走出一条新路。彼时儒学虽然表面上还占据国家意识形态的地位，内在已然空虚，面对释道两家精神充足、人才辈出的局面，宋儒的心态是峻急的。因为自身发展停滞了，而别家正在鼎盛期，汲取资源，有所借鉴，所谓"礼失求诸野"，是再自然不过的。此为文化发展和交流的常态，本不必讳言，宋儒采取的严分彼我，乃至非难排斥的态度，实际是体现了在夹缝中求生存，须撑开双脚、扩大领地的宗派意识，对此不妨予以同情之理解。立派之初，或自感危亡之时往往而然；历史上佛教内部各宗之论争，例如印度本土的小乘、大乘之争，空、有二宗之争，唐代的天台、华严之争，后来的禅、净之争，性质与此相同。但究实而论，这种情况类似于当今习见的立场先行，其出发点和论辩内容不是、至少不全是来自学理。

如果不涉及宗派势力的考虑，即使辨明两家学问的立足点和目标有别，工夫和境界层面仍然可以互相借鉴资取，最自然的态度是大方承认，公开交流，或者各行其是也未尝不可，本不必大加攻讦。正是有了压制对方、张大己势的需求，特别是宋儒有拿回失去的地盘的心态，才会有峻急乃至极端的言论，比如援引孔子诛少正卯、孟子辟杨墨，极言佛老之危害有如洪水猛兽。孔子曰"听其言观其行"，从最早严厉辟佛的韩愈到朱子，其私下仍多与释子道士相往还，试想如果佛老真的是邪道，韩朱何可如此言行不一；若说拒斥的只是佛老末流，等于说佛老之流弊是人弊而非法弊，且只要是在世间实行，法法皆有流弊，宋明儒自身的流弊，明末清初之士至于痛心疾首。（至于宋儒所非议佛老的种种观点，有的切中时弊，足可为借镜，有的则实属有意无意的曲解，具体分析留待各书"导读"，读者自行判断可矣。）

这种历史境遇造成的立场先行的情况，亦可由宋明儒态度的变化大略考察。如单就工夫路径而论，理学、心学与佛老的远近关系是有差异的（可参考上面的"内外关系图"，心学既然是"内中内"，自然与佛老"内学"关系更近），大体而言，心学的工夫较为浑沦虚灵，包容性较强，对于佛道也有更多的吸取借鉴，理学的工夫形态距离佛禅较远（有一种说法，理学近道，心学近禅；从工夫的角度看，心学确实与禅宗颇多相通和借鉴之处，而理学对于道教的兴趣多见于理论层面，比如朱子注《参同契》《阴符经》而隐讳本名），实际上程朱一系也多持更为严厉的"辟佛"态度。但在两宋期间，心学一系的从大程到象山，即使在工夫上颇多借用，在立场上仍然与理学保持一致，对于佛老"不假辞色"。这种在立场上的一致，恰恰说明了宋儒的"辟佛老"更多是出于开宗立派的需要。

到了明代中期，三教的地位发生了重大变化。儒学一方面经过近五百年的努力重新从工夫层面立定根基，另一方面随着理学成为科举考试的规定内容，确立了作为官方意识形态的地位，佛道二教转而向儒教靠拢，寻求自身的"合法"地位。举一个象征性的例子，万历年间意大利传教士利玛窦来华，先是穿僧服传教，但是很快发现在中国儒教地位远比二教尊贵，就改易儒服，并确立了"补儒易

（取代）佛"的传教策略。随着势力的彼消此长，明儒在此问题上的态度也发生了很大的变化。王阳明虽然仍表达过区分儒佛乃至贬低二氏的说法，但与宋儒相比，已经缓和多了，更像是不便于公开违反此前数百年的习惯，象征性表示一下。① 阳明有一个著名的"三间屋子"的比喻，最能表明他的真实态度。有学生问，世间、出世间学问，儒释道是否各占一块。阳明先生说非也，儒学本是贯通世出世间的，只是后儒不肖，把自己限定在世间法，把儒学弄得狭窄和浅薄了，就好比主动割让了左边一间、右边一间给佛道二氏，其实三间屋子都是圣学

---

① 比如他说佛氏逃了君臣、父子、夫妇的人伦关系，是"着相"，儒者不逃避，反而是不着相，这不但是引用了佛家的观念——着相——而且此说法指向的只是佛教徒出家的形式，仅是延续二程的一个观点："敢道此（指禅宗《传灯录》）千七百人无一人达者。果有一人见得圣人'朝闻道夕死可矣'与曾子易箦之理，临死须寻一尺布帛裹头而死，必不肯削发胡服而终。"（《二程遗书》卷一）此仅为二程辟佛言论之皮相者，不难反驳。因为对于佛教修行，出家并非必须的，唐宋以来很多有成就的大居士，且不乏身居高位颇有政绩者，并且，若出家是为了获得相对清静的修行环境，作为一种方便手段虽有其合理性（类似于宋明儒提倡静坐），但并非出家的本义，照大乘的说法，出家乃表明"荷担如来家业"的志愿，以及为了弘法的需要而取得一个"专业"的身份。

本有的。这里是个包容性的说法，只是说你们有的我也有，我可以包含你们的优势，与当初宋儒的口径不可同日而语。并且说："圣人与天地民物同体，儒、佛、老、庄皆吾之用，是之谓大道。"（见钱德洪编《王阳明年谱·嘉靖二年十一月》）此以儒佛老庄并列，同为大道之用，直与《庄子·天下篇》同调矣①。不妨将此视作三教关系转折的一个标志，此后尽管严守三教门户的声音仍时有发生，三教合流作为明清以来中国文化的主要趋势是没有疑义的。

实则这也是中国文化精神的体现，冯友兰用儒家的语言将之概括为"极高明而道中庸"（参见冯氏《中国哲学简史》），用佛教的话说，"畅佛本怀"之究竟指归，其特质是"即世间而出世间"，世俗生活和超世精神圆融为一，称为"一乘"，为佛教究竟圆融的意旨，佛教的发展可以看作是此宗

---

① 《庄子·天下篇》："是故内圣外王之道，暗而不明，郁而不发，天下之人各为其所欲焉以自为方。悲夫！百家往而不反，必不合矣。后世之学者，不幸不见天地之纯，古人之大体，道术将为天下裂。"——道本是整全合一的，因后世学者不见全体，而各执一方自以为是，才造成了现在的分裂。

旨不断开显的过程（此即《法华经》所开演的"会三归一"之旨）。就儒释道各自的发展而言，三教通过互相激发借鉴，在各自内部不断趋近之或完善表现之；就文化整体而言，至少从唐宋以来，三教融合成为中国文化发展的大趋势（不管是否承认，这样的融合是实际发生的），其内在理路即是不断趋近此真精神。王阳明的"致良知"教法，从儒家内部发展来说相当于儒家的一乘教，就中国文化而言，则可看作三教融合的成果。阳明诗云"不离日用常行外，直造先天未画前"，其特点是每个人就各自职业和身份的方便，在日常生活中随时随地用工夫修炼；佛、道两家的近现代趋势也是在家居士逐渐成为主流乃至起到中流砥柱的作用，都是这种文化精神的体现。

但是融合并不必然取消各自的独立性，三教可以在保持自己宗旨的前提下吸收融合他教因素，同时承认别家的价值和存在意义。这就涉及到"判教"。这个词起源于佛教，随着历史发展，佛教内部宗派林立，互争短长，乃至存在分裂的危险，此时就有人出来，将各宗各派放在同一个系统之中，分别判定其所处位置，理顺彼此的关系，衡量各派的特点及优劣。判教者往往是一派之宗师，以本派为立足点，对本派和他派分别给予定位和评价，而其他派别的宗师也会站在各自的基点上作出不同的判教。诸如历史上发生的天台与华严的判教，彼此争竞，但是站在第三者的立场上看，他们虽然判教不同，在各自的立足点上可以分别成立，不相妨碍，就像密宗之曼荼罗（意译为坛场，表示在功境中观见的诸佛菩萨金刚的空间排列，可铸成立体的土坛，亦可画成圆或方形的图画，以助修行），每一尊都可作为一个中心（本尊），其余诸尊层层围绕，成立一个曼荼罗；无数的曼荼罗各自成立，不相妨碍。

判教的前提是承认其他宗派也有其价值和意义，大家在大方向上是一致的；通过确立彼此的位置关系，可以更好地认识各自的特点，从而扬长避短，利于发展完善。在佛教历史上，判教也正是发挥了这样的正面作用，虽然从表面上看，各派的判教争论激烈，但这是体系内部的竞争，而非你死我活的正邪之争，并且促进了各自的发展和相互的融合。上述阳明"三间屋子"的说法，其实是基于儒的三教之间的"判教"，这样的态度与宋儒特别是理学一系比较，性质已经改变了——由正邪之争变成了高低、偏圆的中国文化内部之争。现代以来，立足于世界文化作出更大范围的新的"判教"尝试的不乏其人，比如太虚、牟宗三就分别以佛、儒立场判教，皆有较大影响。这是因应时代需要，在政教分离、信仰自由、文化交流密切的大环境下——这是现代化带来的便利——求生存意义上的对立争斗已经不是宗教间的主要问题，相反，各宗教、各文化传统在超拔人的精神、丰富人类精神生活这个大方向上是一致的，需要联合起来共同面对时代的困境——现代性的弊病带来的精神的扁平化、环境的恶化等。因此，世界文化范围内的判教是必要的和有效的方法，需要后来者继续拓展和深化。

　　修行者有各自的选择，可以融合多家，也可以持守单一的法门，但不妨多了解一下别家别派，才能了解自家所处的位置，掌握其特点，扬长避短；如果不顾现实环境，重弹排斥异端的老调，则难免胶柱鼓瑟，误人害己。当今常见的现象，自认为佛教徒的，往往以儒、道为不究竟而轻慢之，佛门修持之精微对治工夫既未学到手（这也与时代有关，精细分析起观的唯识等法门衰落不行，净、禅之门又容易产生粗略简慢之流弊），如能借鉴宋明儒学之反身体察工夫本可大有补益，却因门户之见，不仅不得其益，反助长自身傲慢。以"醇儒"自命者，拾人牙慧以为"吾道自足"，甚者重启理学、心学之衅，狭小其心胸，自绝"上达"之路，终身落于阳明所贬斥的"世儒""俗儒"（实即孔子所斥之"小人儒"）而不觉。

今天所面对的问题，与宋儒当时相似，需要将失落的修身"旧路径"找出来，在新环境下接着走。这就要求，首先知人论世地了解宋儒的工夫路径，在此基础之上，继承其精神，借鉴其经验，走出适应时代、符合自身特性的新路。与古时相比，今天外部环境的变化可谓天翻地覆，人类文化的融合、科学的发达和思想资源之丰富，是前所未有的，同时人类文明危机、自然环境恶化之深重，也是空前的。与前贤相较，我们须具备更广阔的视野，置身于更完备的坐标系中，找到属于自己的那一条路。换言之，只有胸怀全局，参照他者，才能找准自己的位置；只有准确定位，了解自己，才能广泛借鉴，发生新的融合。

意犹未尽，再多说一句。上古以来，人类的历史似乎是天人逐代远离的过程，与此相应，精神修炼的工夫也由重他力转向重自力，从浑沦到精微，从天人相应到内观心性。所谓物极必反，当科技走上顶峰，环境急剧恶化，内心危机感极度飙升之际，天人关系或许会再度拉近，此时或有某种消息来临——倾听内心的声音，参照远古的神话，注重情意的浑沦工夫，乃至借助科技的幻化功能，或许可以熔为一炉，迎来千年未有的机缘……

五、丛书缘起

十几年前我入职出版社不久，注意到马一浮先生于1940年代主持复性书院期间刊印的"儒林典要"丛书，心有戚戚焉。

其时笔者正经历读书求学的转折期。负笈上海读博，专业从文学转到历史，还旁听了些哲学系的课，脑袋里塞了不少知识概念观点，但是对于中国文化总觉不得其门而入，另外内心深处一直藏着的那个动力——寻求一条精神超越之路——始终在鼓荡。因作博士论文的需要，一边细读阳明和门弟子相关语录，同时读到牟宗三《从陆象山到刘蕺山》，恍然有悟，认识到《传习录》等书本来就是修行工夫手册，正是士君子的上出之路，里面的师徒问答，无非是讨论走在这条路上的经验、疑难和风光。我的困惑迎刃而解，也找到了自己苦苦寻觅的人生方向。按此思路，将四书到宋明儒诸典寻绎一过，无不若合符节，种种疑难涣然冰释。同时从牟宗三上溯熊十力、梁漱溟、马一浮诸家，无不亲切有味。回顾现代新儒家四先生于我之帮助，牟、熊引领我切入儒佛义理系统；梁、马义理阐发各有精到之外，注重工夫实践，更能引发我的共鸣。

有此前缘，当看到马先生"儒林典要"诸书时，萌发一念：与我有类似困惑者当不在少数，推己及人，何不将这套书完整出版，一则为有缘人趋入传统学问提供便利，二则亦可实现马先生未完成的计划。

甫一着手，便发现两个障碍。首先需要确定书目。马先生1939年主持复性书院之初即有刻印群籍的计划，"儒林典要"为其中之一，当时正值战乱，典籍不备，计划也不断有所变化，需要在理解马先生思路的基础上根据当今现实需要加以调整。再者，需要为每本书寻找合适的导读者。这套书除了系统地推出宋明儒学著作之外，更重要的是帮助读者回到原典本义，读懂理出工夫理路、方法，并能在生活中实地运用验证，为此需要在书前各增加一个详细的导读，这是本丛书区别于其他整理本的主要特征。然而，以我当时的阅历范围，举目四顾，能当此任者实难其人。只好暂时搁置，自己求师访友之余，此念未尝或离。所谓念念不忘必有回响，多年以后，同道师友圈子却也逐步扩大，亦渐渐颇有愿意襄助此举者。现在终于可以逐步落实此事。

据马一浮先生《复性书院拟先刻诸书简目》（下称《拟目》），列入"儒林典要"初步计划的共有近 40 种（此外另有传记、年谱类六种列入"外编"），其中除少量文集外，大多是宋至清儒代表性的专书（包括语录）。此后马先生还约请与宋明儒学渊源甚深的钟泰先生（钟先生乃号称最后的儒家学派"太谷学派"之重要传人）整理了一份《儒林典要拟收明代诸儒书目》（下称《续拟目》；据钟先生《日录》"1945 年 10 月 7 日"条，言将此"交湛翁酌定"，应为未定稿），共 60 余种，大多为文集。经查考，复性书院当年陆续刻印了"儒林典要"13 种，均为宋明儒自著或经后儒辑注的专书，如周敦颐撰、明儒曹端编注的《太极图说述解》，罗近溪《盱坛直诠》等。寻绎马先生的辑编思路，当以能够代表著者的学问、体现其工夫的专书为主，文集之列入拟目者，盖因缺少该著者现成的专著，或文集本身篇幅不大，取其辑刻方便耳。[①]钟泰《续拟目》中，亦言明"文集虽存，而既有专著，求其学不必定于其文者"，则收专著不收文集（钟泰《续拟目》及《日录》见于上海古籍出版社 2021 年版《钟泰著作集》第 5，第 2 册）。

加之诸儒文集、全集如今多已有整理本出版，现在重新出版这套书，当淡化保存典籍资料之意，更为突出"工夫"之旨，故而本丛书仅取专书，并在确定书目上颇费斟酌：首先在复性书院已刻和拟刻书目中选取专书，又从正、续《拟目》所列文集中抽出重要的语录或专著，并参考马一浮《复性书院讲录》中所列必读书目，综合去取整

①　其中宗师大家则另出全集，而不列入"儒林典要"。马先生在《拟目》中说：周、二程、张、朱诸家全集"拟合为宋五子书别出，象山、阳明全集亦拟别出，以此七家并为巨子。其中以朱子书卷帙尤多，俱应用铅字摆板印行，不列入'典要'目中"。钟先生《续拟目》中多收明儒文集，或另有保存典籍的意思。

理而成，名之为"新编儒林典要"，以示继承先贤遗志之意。

如前所说，丛书"导读"的首要任务是引导读者回到工夫本身，兼以自身实践经验加以解说以供参考。为此，与每一位参加导读工作的师友"约法三章"：

一、除了作者经历、学问渊源和成书背景等内容之外，适当介绍圣贤气象，使读者兴起向往之心和亲切之感。

二、紧紧围绕实践工夫，从实地用功的角度提示具体的路径、方法。必要的话阐释基本义理，但也是为了说明工夫的原理，不能脱离工夫谈义理。

三、语言上须"去学术化"，不要写成"论文体"，尽量用日常语言，辅以通俗易懂的传统话语，不用或尽可能少用现代学术术语。

导读是重中之重，人选亦难乎其难，每书尽量做到导读与原典对应，在大旨无违的前提下尊重导读者各自的立场和风格。"君子和而不同"，导读者既为各自独立的修学者，经历、师承不同，其志趣、路径亦有差别；"弱水三千，各取一瓢饮"，导读者以自家眼光读解，读者各取所需可也。因笔者眼界所限，导读者队伍仍显单薄，随着丛书陆续出版，期待有缘者不断加入。因各书情况多有差异，丛书体例虽大致统一，亦不强求一律，总以符合读者需求、整理方便为量。

以上记其本末，不觉缕缕。世间事物的成立，不出感应之理，不外乎因缘二字；有一内在的起因，亦须有众缘和合。众缘的具备固自有其时节，不可勉强；所谓发心，本身亦有其感应因缘在，其理无穷。忽忽十数载，书终于面世，感喟何如！此后其与读者之因缘感应，亦无穷也，留待诸君各自品味。

刘海滨

2022 年 11 月 21 日，于海上毋画斋

导　读

一　心斋生平

王心斋（1483—1541），名艮，字汝止，号心斋，明代中期泰州安丰场人（今江苏省东台市安丰镇），出身于盐场世代灶户。十一岁时，因家贫之故，不能继续学业。十九岁，奉父命，在各地经商，因处理财务得宜，家庭日渐富裕。二十五岁，在山东，心斋先生拜谒孔庙，奋然兴起担当道义的志向，于是每日诵读《孝经》《论语》《大学》。心斋把书放在袖子里，逢人便问。这个阶段，他最大的特征是笃行。后来他的弟子、宰相李春芳说："先生之学，始于笃行，终于心悟。"又有学者论心斋的笃行时说："要其笃行，非苟从之，谓有疑便疑，可信便信；及其既信，则以非常之自信力，当下即行其所信，不复陷溺于陈言，不复自拘于流品。"说的是心斋先生的笃行不是随随便便就听从一个意见，有疑惑便疑惑，可以肯信便肯信，一旦肯信一件事情，就会用常人所不及的巨大信力，当下就把所信的事情落实在行为上，不再被过去的言论所限制，不再被旁人的议论所拘束住。二十九岁，梦中大悟。三十八岁，拜大儒王阳明为师。五十四岁，其父王守庵无疾而卒，享年九十三，王守庵生前常和人说："我有如此孝子，故能延寿至此。"心斋治丧时，冒寒在坟墓四围筑墙，落下寒疾，五十八岁去世。

王阳明的弟子之中，开展民间讲学最为兴盛的是心斋。他的门下常有樵夫瓦匠。比如朱光信，每日上山砍柴，奉养老母。路过先生家门，朱光信便把柴火放在门口，坐在门外听心斋讲学，听到欢欣鼓舞处，就背起柴火，浩歌而去。

明清之际的儒者李二曲称心斋"雨化风行，万众环集，先生抵掌其间，启以机钥，导以固有，靡不心开目明，豁然如梏得脱，如旅得归"。意思是说心斋讲学，如雨化育万物，如风吹拂万物，千万人环聚到他身边；心斋在众人之中激扬地讲学，恰中要害地当机指点学者，引导出学者内在本有之力量；学者无不心灵打开，眼目光明，豁然开朗，像囚徒摆脱桎梏，旅人回到家乡。

礼部尚书赵大洲称心斋"其为人骨刚气和，性灵澄澈，音咳顾盼，使人意消，往往别及他事以破本疑，机应响疾，精蕴毕露"。心斋为人有刚硬的骨气，有平和的气息；他的心性灵明通透，一个声音，一声叹息，一个眼神，当下就能使人的意气消弭；心斋往往谈一些别的事情来破除学者原本的疑惑，各种机锋在讲会上不停发生，学问的精蕴统统都呈现出来。

王心斋所开创的泰州学派，在平民之中讲身心性命之学，对社会风俗有着巨大的影响。泰州一带，民风丕变。田间地头，"在在处处高谈仁义"成了安丰一带的社会风气。到心斋三传弟子罗近溪，平民讲学的风气更为兴盛，一场讲会最多有数万人参与。后人称心斋"顽廉懦立，感及齐氓，而化民成俗之功，且不在阳明下也"。

二 《乐学歌》

心斋的学问并不复杂，而且学问和践行是贯通的,最能表现心斋精神的,便是他的《乐学歌》。以下录其原文,并加疏解。

> 人心本自乐,自将私欲缚。
> 私欲一萌时,良知还自觉。
> 一觉便消除,人心依旧乐。
>
> 乐是乐此学,学是学此乐。
> 不乐不是学,不学不是乐。
> 乐便然后学,学便然后乐。
> 乐是学,学是乐。
>
> 於乎!
> 天下之乐,何如此学!
> 天下之学,何如此乐!

1. 宋代的大儒周濂溪让程子寻"孔颜乐处"。孔子"发愤忘食,乐以忘忧,不知老之将至"。孔子的生命刚健奋发,丝毫没有想到饮食,乐到忘记了忧愁,不知不觉一辈子就过去了。颜子"一箪食,一瓢饮,居陋巷,人不堪其忧,回也不改其乐"。颜子一点点粗茶淡饭，居住在简陋的巷子里，常人不能忍受这种忧愁，而颜回也从来没有改变他心底的快乐。

孔子和颜子的快乐究竟是哪儿来的？现代社会，人所感受到的快乐，多是欲望的满足，而孔颜乐处，恰恰强调忘记了饮食、欲望。心斋也说，人恰恰因为欲望，才不乐，所谓"自将私欲缚"。孔颜之乐，这个乐是超越人的感官欲望的，这个乐是与生俱来的。

古代，音乐的乐和快乐的乐是相通的。孟子说："乐则生矣。生则恶可已也。恶可已，则不知足之蹈之，手之舞之。"人一旦融入音乐，即一旦处于悦乐之中，他的气息就在生发。整个人处于生发的气息中，那么就停不下来。停不下来，就忍不住手舞足蹈。

婴儿在他奶水喝足的时候，便有无穷的力气。他手舞足蹈，十分起劲。有时候，他不顺意了，就哭。可是哭着哭着，甚至也会越哭越起劲。这个"起劲"里面，有一种"乐"。这种乐，不是人的一种情绪，而是生命的一种状态，一种生生不息的状态。

春天，草木懵懂，虫子开始窸窸窣窣躁动起来，万物的生发状态便是一种乐。不止如此。夏天，万物到了繁盛的时候，充分发挥自己的能量，这也是乐。秋天，万物收敛了。正如一个人，在青壮年的时候，活得非常刚健有为，而到了秋天，自己的子女成长起来，自己的事业交接给下一代，这种收敛状态，也是乐。冬天，万物都藏起来了，花草都凋零，埋进土里。万物在白雪之下，一片宁静。如同人到了老年，生命圆满地走向尾声。充满无限可能的新的世代即将来临。如歌中所唱："最美不过夕阳红，温馨又从容。"这种状态，也是乐。春生、夏长、秋收、冬藏，这是天地的乐。人的整个生命与天地之道相合，人的生命当展现出何种气息就展现出何种气息，这就是乐。这个乐，就是真实无妄的生命本身。所以，王阳明先生说："乐是心之本体。"乐是人心原本的样子，是最本真的状态。儒学，是学做人，就是学着让自己合于本体的状态，也就是学这个"乐"。

濂溪让程子寻"孔颜乐处"，后来，程子写了《识仁篇》，"仁者，与天地万物为一体"，"识仁"，就是识此万物一体、生生不息之乐。程子写了《定性书》，"动亦定，静亦定"，无论动静，都定于这个本体状态，也就是定在这个乐上。

2. 我们现代人所说的乐，更多是"快乐"，或者说"快"，欲望得到快足、满足。欲望的快足，恰恰是不乐的根源。很多人，用一生诠释了这句话。年轻的时候，尚有一些快乐，后来，为了满足各种欲望，陷入巨大的社会家庭机器中，完全为那些欲望"打工"，被动地生活，没有一点点自由。这便是被欲望束缚住的状态。这个状态，人是不会愉快的。

身边的朋友，许多人处于这样的状态。他们过得简直如同一架机器中的一根机械臂。整天被齿轮驱使，甩来甩去。他自己也觉得抑郁难受，但是他不愿意挣脱出来。而且，他还总喜欢在别人面前表现出自己过得比别人都好。他的微信朋友圈里，全是美食、美景。心斋说"一觉便消除"，他总有个"一觉"。但是每每自己的良知觉得自己活得不对劲，活得不快乐，他便每每自己骗自己，把这个萌发的良知掩盖起来。

这个时代，我们常常如此。这是不够相信良

知。这良知是我们自己的良知，不够相信良知，也就是不够自信。我们觉得自己摆脱了机器就没有用了。阳明说，我们的良知是造化的精灵，可以生天生地。我们却不信自己的良知有这么大的能耐，只敢老老实实荒废自己的一生，郁郁终身。

心斋先生说"私欲一萌时，良知还自觉"，这个自觉，是良知的自觉。我们必须牢牢抓住它，用自己全副生命去信任它。唯有如此，我们才能"一觉便消除，人心依旧乐"。

3. "不学不是乐"，这一点，对我们今天修身格外重要。一个人，一点私欲也没有，纯然至善，所谓"生而知之"，这样的人我没有见过。所以一般说来，不去学，我们很难把自己安顿在这个本体之乐上。有时候，我们可以短暂地合乎道义，比如此时，读者看我这段文字，这种简单的情景，可能做到毫无私欲。而一旦进入复杂的道德环境，真是离不开学。（当然，这个学，只是学这个"乐"。）

比如穿鞋一事。在长者面前穿鞋，总觉得不够恭敬，怎么做都有一点点的不自然，也就是没有真"乐"。后来读《礼记》，知道要"乡（即"向"）

长者而履"，也就是穿鞋的时候，一定要面向长者，不能把屁股对着长者。后来，我去长辈家里做客，离开的时候，到门口穿鞋，我都会把鞋头掉个个儿，转身对着别人穿鞋。这样，我心中的不自然就没有了。

我们学习儒家的五经，便能从方方面面调适我们的身心，乃至于家国天下。学五经，如果能得要领，那就是学着如何成为一个快乐的人。古人给我们留下了很多礼，我们善于体会礼背后的精神，便知道礼不是束缚我们的，相反，是让我们摆脱私欲的束缚、习气的束缚的。礼是还我们与生俱来的自由与快乐的宝物。

我们学礼，乃至于学一切儒家经典，就是在学"乐"，学着疏通自己的气息，使之与天地相通，进而不滞不留。这就是"学便然后乐"。如果学得对，那么学问越是精明，自己就越是快乐，身上便带有一种快乐的气息，身边的人也会越来越快乐。我们所说的乐是"真乐"，是"至乐"。这个"至乐"，虽然出自我们的本性，但是我们后天的私欲和习气遮蔽了这个本性。如果不学，我们或许一辈子都无法体会孔颜的快乐。《礼记·学记》讲："虽有嘉肴，弗食，不知其旨也；虽有至道，弗学，不知其善也。"同样的，虽有至乐，弗学，不知其乐也。或者说，对这种乐体会得很粗浅寡淡，不知道它有多美妙。

三　淮南《中庸》说

如果说《乐学歌》最能体现心斋的精神，那由心斋对《中庸》的理解，可见其学问之大体。下面我们结合心斋的相关语录，对《中庸》首章作一个分疏。

1. 天命之谓性，率性之谓道，修道之谓教。

天命，即上天所命于我的。《诗经》："天生烝民，有物有则。民之秉彝，好是懿德。"上天生下民众，有世间万物，有法则。而万民所禀赋的，就是爱好这美好的德行。喜欢美好的德行，所谓好善恶恶，这就是天命。孟子说孩提皆知孝知悌，孝悌这些基本的人伦，就是天命。上天所赋予人的良知，即是人的禀性，亦即本性。心斋诗中说："天命是人心，万古不易兹。"天命之性就是人的本心，也就是良知，这一点万古都没有改变过。人循着这个本性而行，没有一丝一毫人为的安排造作，这就是道。心斋说"百姓日用即是道"，因人天生就有向善的禀性，天生就有良知（所谓"天良"），一般时候，人依照良知而行，便是"率性之谓道"。这种情况下，人只是活得很顺利，但不知道是因为这个天命之性使得自己活得顺利，这就是"百姓日用而不知"。所谓"不知"，就是对人性本有之善没有一个体认，所以本性也经常容易被遮蔽。这时候人就需要去修道。修道并非是去修人本性之外的东西，而是修回天命之性，去除私欲的壁障，使得人心纯然是天命之善。

2. 道也者，不可须臾离也，可离非道也。

心斋先生说："道也者，性也，天德良知也，不可须臾离也。""率性之谓道，修道之谓教"的"道"就是人的本性，就是天德良知，它是一刻都不可能离开人的。又说："道一而已矣。'中'也、'良知'也、'性'也，一也。"道只是一个，"中""良知""性"这些概念实际上说的都是同一个东西，也就是"道"。在心斋看来，天命之性就是良知，率性就是依良知而行，道就是合于良知的生命道路。其实道就是性，就是天命，就是良知。它是一刻不会与人分离的，如果可以与人分离，就不算是道了。（如果不能完整地涵盖人生，那还算是人生的大道吗？）

只要人还活着，人就有其精神生活，只要有精神生活，他就有良知。一个人，哪怕穷凶极恶，如果有合适的人，在合适的时候，就能把他的良知激发出来。良知是一直没有离开人心的，只是人欲把良知遮蔽起来了，良知不能做人身的主宰了。打个比方，人睡觉的时候，只要稍微用一些办法，睡得再沉的人都会被叫醒。在私欲很多的时候，人的良知就好像睡着了一样。正是因为良知没有须臾离开我们，所以在任何情况下，我们都能唤醒良知。

有人问心斋：我的良知在哪里？心斋先生就喊了一声那个人的名字，那个人便答应了一声。心斋说：呼之即应，良知不就在这里吗？（别人呼他的名字，他就答应，这是良知即感即应的功能，当下良知正在发挥作用，所以说良知就在眼下。）心斋的这个当下指点，随时都可以用，因为人的良知没有一刻离开。

3. 是故君子戒慎乎其所不睹，恐惧乎其所不闻。莫见乎隐，莫显乎微。故君子慎其独也。

人如果用眼睛去看事物，用耳朵去听事物，这时候人的欲望就混入目睹耳闻之中了。孟子说："耳目之官不思，而蔽于物。物交物，则引之而已矣。"耳目这些器官不会反思，只是被外物所蒙蔽。耳闻目睹，一物接着一物，人就被各种物欲牵着走了。

君子对自身的修持很用心，君子不在耳闻目睹的过程中下工夫，而是在耳朵听不到、眼睛看不到的东西上下工夫，也就是在性上下工夫。在面对本性的时候（也就是面对良知的时候），要十分谨慎戒惧。这就是"戒慎乎其所不睹，恐惧乎其所不闻"。

心斋说："戒慎恐惧，莫离却不睹不闻。不然便入于有所戒慎、有所恐惧矣。故曰：'人性上不可添一物。'"戒慎恐惧一定是戒慎恐惧本性，一定不能离开不睹不闻（如果有目睹耳闻掺和其中，那就不是天德良知了，而是混入了人为的造作）。如果我们忽略了不睹不闻，那么我们就不是对本性戒慎恐惧了，而是戒慎恐惧一个外在的对象。所以在人的本性之上不能增加一点点东西。

因为性是不涉及目睹耳闻的，所以在最隐微的地方也不会显现出来。这就是"莫见乎隐，莫显乎微"。所以君子所戒慎恐惧的只是一个"性"字，没有别的东西。这就是"故君子慎其独也"。独就是本性，慎独就是敬慎地保持在合于本性的状态。

心斋说："常是此中，则善念动自知，恶念动自知，善念自充，恶念自去。如此慎独，便可知立大本。"心中常常是这个"中"的状态，那么善念发动，自然知道，恶念动了自然也知道。所以善念自然而然得到扩充，恶念自然而然被去除。这样做慎独的工夫，便可以知道怎么样去树立人生的大根本了。这段话亦可以看出，心斋所说的慎独，就是没有一毫人欲掺杂的那个"独"，也就是天德良知。

4. 喜、怒、哀、乐之未发，谓之中。发而皆中节，谓之和。

在心斋的解释中，七情没有发动，也就是不睹不闻，也就是没有一毫人为的参与，纯粹是本体。这就是中。只要依照这个中去应对世间万物，都能够"中节"，都可以恰到好处，这就是"和"。

　　这一小段，以及上一小段就是在分解"天命之谓性，率性之谓道，修道之谓教"中"性"的内涵。所以心斋说："'慎独''中''和'，说尽'性'学问。"慎独、中、和这些说法把"性"字的学问说得很充分了。

　　这个性是不能通过我们的经验知识（目睹耳闻）归纳推理得来的，它是超越于经验世界（不睹不闻）的本体。在我们没有任何人为的安排造作的时候，本性也就透露出来。此时我们依照良知而行，此时的状态即是本体状态（"即用见体"）。慎独就是谨慎地把握这个状态。

5. 中也者，天下之大本也。和也者，天下之达道也。

　　心斋先生："'喜怒哀乐之未发，谓之中。''中也者，天下之大本也。'是分明解出中字来。"从这句话可以看出，心斋强调"中"有两个意义，第一个是"喜怒哀乐之未发"，即没有任何经验层面的人情掺杂进来。这是从我们如何去体认"中"的角度谈。第二个含义是"天下之大本"，即我们一旦把握到了中，也就不偏不倚地把握到了己身在家国天下中的位置，亦即在天地间安顿了己身。如此，己身在家则家必齐，在国则国必治，在天下则天下必平。这就是"立得己身为天下国家之本"，也就是"中也者，天下之大本也"。

而从"家必齐"到"家已齐"的过程，就是从"中也者，天下之大本"到"和也者，天下之达道"的过程。这个过程是自然而然的，并且是必然的。

6. 致中和，天地位焉，万物育焉。

达到"中"（立得吾身为天下国家的根本）与"和"（实现家齐、国治、天下平），那么天地就各安其位，万物就安于天道的安排，融入生生不息的宇宙整体中，自然而然地化育。

立得吾身为本，意味着很好地把握了自己的身份。面对父亲，做好了儿子的职责；面对妻子，做好了丈夫的职责。所谓做好父亲的职责，意味着父子关系合于天道，也就意味着儿子也合于天道。我（父亲）合于天道，这个是成就自己（成己）；儿子合于天道，这个是成就别人（成物）。所以只要己身致中和，那么万物都各安其位，由我所展开的世界便是一个生生不息的整体。

以上 6 条即是心斋的《中庸》首章解。在首章中，工夫有两个面向。第一个面向是体会本体——超越的、形而上的、不涉及经验层面的本体。这个本体即是良知，即是天理，即是仁，即是道，即是中，即是性，即是独。慎独即是敬慎地守住此本体而不偏离，所以慎独的前提就是体会"独"，亦即"天命之性"，也就是明道先生所说的"体仁"。第二个面向就是立得这个本体为家国天下的根本，把这个本体作为斡旋造化的枢纽。而在这个面向上，我们要做的工夫就是非常慎重地对待自己的一言一行，务必使一言一行、辞受取与、出处进退都出自"中"，出自"天命之性"。实际上，慎重地对待一言一行，务必使之合于天命之性，也就是慎独，敬慎地守住本体而不偏离。

故而《中庸》首章的工夫，我们可以理解为"体独"和"慎独"。心斋又区分为"知本"和"立本"的工夫。而"立本"的工夫，亦即"慎独"的工夫，亦即"研几"的工夫，就体现在出处进退、辞受取与是否都合于本体。所以王一庵先生把"几"解释成细微的事情,所谓"事几",正是从出处进退上去理解研几(慎独)的工夫。故而一庵先生的诚意工夫(慎独、研几)正是从心斋的"淮南《中庸》"发展而来的。

四　本书及整理说明

赵大洲说:"先生不喜著述,或应酬之作,皆令门人、儿子把笔,口占授之,能道其意所欲言而止。"意谓心斋先生不喜欢著述,往往在应酬之际,吩咐门人、儿子执笔,他口述,子弟把一些重要的教训记下来,能把意思传达出来,就不继续说了。所以心斋的语录往往"约而达"(很简单,却能直达义理),"微而臧"(通过细小的事情说出很好的道理),"罕譬而喻"(打的比方少,但是能让人明白)。同时,我们也能从门弟子所记录的文字中,想象当年心斋师门讲学的那种语气、情境。

也因为这个原因,心斋的文字不成体系,亡佚很多,所谓"十不能一二"。历代学者都在整理心斋的文字,仅明代就有《王心斋先生全集》《淮南王氏三贤全书》《心斋约言》《心斋要语》《心斋先生疏传合编》。这些集子内容上有交叉，编排上很不同，很难有一个可用于固定学习的本子。本书《心斋学谱》，为心斋七世孙王士纬所编撰，既收集心斋生平、语录，又考其学侣，并述一庵与东厓之学，通过本书，对心斋乃至泰州学派，能有一个很好的了解。

　　心斋先生在民间讲学时，许多人诽谤他。他说："以言谤我者，其谤浅；以身谤我者，其谤深矣。"意谓那些用言语诽谤我的人，他们的诽谤很轻，而诸位弟子，如果你们言行不合于道义，那就是用你们的现实生命诽谤我，这个诽谤就深了。泰州之学的真正载体，不是文章，不是思辨，而是活生生的、我们眼下的生命，心斋先生所谓"举手投足不敢忘"。世上许多的学问，用文字去书写文章，而我愿与我的读者一起，用我们每一个念头、每一个举动去写"文章"。时间不能倒退，我们的这篇"文章"写下来就是定稿。孔子所谓："今世行之，后世以为楷。"我们在这个时代做事情，后世的人把我们的言行作为楷模。

　　最后简单介绍一下本书的分工情况，本书导读

由杨鑫撰写,整理则由杨立军负责。导读重在简明
扼要,扣紧工夫立论,既贴近心斋的学问,又还复
工夫的本来;整理重在依文断句,循脉络,析义
理。我们虽尽力从事,但限于学识,定有许多不尽
妥当之处,望广大读者批评指正。

序

　　心斋先生，予之七世祖也。其生平为学，推本良知，躬行实践，明格物知本之要，充万物一体之仁，而其教人之法，启以机钥、导以固有，故能使顽廉懦立，感及齐氓。此阳明所谓真学圣人者也。予早年至泰城崇儒祠，瞻拜其遗像，辄心仪之，而未敢忘。窃欲搜其遗集，荟萃成编，冀有以发扬而光大之。顾始以角逐名场、困于举业，嗣又观政外部、劳于簿书，卒卒无须臾之闲得竭志意。近虽欲从事研讨，而年齿日增、精神日减，深愧有志未逮焉。今年夏，族弟心织以所撰《先生学谱》示予，并属予为序。予展读数过，觉其分条析理、提要钩元，非好学深思、心知其意者，固未易办此也。是编之成，公诸同好，不独使先贤坠绪灿然复明，并可使有志斯学者犁然如津之有梁、舟之有舵，咸知所趋向矣，岂仅一人一族之私幸也哉？因乐为之序而归之。

时在民国三十一年，岁次壬午夏九月，王翌儒道明甫谨序

自　序

余年十龄，先君子剑秋公题余小影，有"立志须知学大人"之句，因举先祖明儒心斋先生"修身立本"之旨训余，谓"大人者，正己物正"，谓"天民随命，大人造命"。愧行能无似，未能仰副慈望，有所树立。第惟"造命"一词，视世所谓"革命"者，尤具有建设意味。且行贵反己，亭林氏身经国变，其论学乃以"行己有耻"为要。居今日而欲挽颓风、匡末俗，先生之学曷可妄拟为迂远而遂少之也！颇思掇拾遗文，列其纲领，参稽群籍，明其指归，用兴观感而彰废坠，乃书缺有间，又服官京师，碌碌为簿书所苦，而烽燧迭警，奔走靡宁，荏苒十年，阁笔者再。今春，息影里门，舌耕偶暇，检阅旧箧，零稿仅存。伯氏粹伯见而让余曰："弟蹉跎若此，得毋负先人庭训谆谆之意乎？"余闻言滋惧，敢弗自励？遂不揣谫陋，略加比次，亟足成之。书仿李绂《陆子学谱》例，分传纂、学述、著述考、学侣考四篇，名曰《心斋学谱》，借以见先生修身淑世之概，附一庵及东厓学述，纪先生家学也。管窥蠡测，乌足发先生之学之全？海内宏达览是编者，不弃其浅拙而是正焉，则幸甚矣。

壬午端阳，王士纬谨序

一 传 纂生于明成化十九年，卒于嘉靖十九年（1483—1540）

先生姓王氏，讳银。王阳明为易名艮，字汝止。《年谱》。扬之泰州人。尝筑斗室于所居后，坐息其间，号心斋，学者因称为心斋先生。徐鎏撰《传》。

其先伯寿，自姑苏徙居泰之安丰场。清乾隆四十年由泰州析置东台县，安丰隶东台。伯寿生国祥，占灶籍，煮海。国祥生仲仁，为场百夫长，先生高祖也。父玒，字纪芳，号守庵。古朴坦夷，里称长者。母汤孺人，生先生兄弟凡七人，先生居次。《东淘王氏族谱》。

场俗业盐，民不知学，先生以家贫，幼辍诵读。十四岁，汤孺人卒，时守庵公已五十余，亲老，弟弱。十九岁，即奉命商游四方，经理财用，措置得宜，家道日裕。二十五岁，客山东，过阙里，谒孔子及颜、曾、孟诸庙，瞻拜感激，奋然有任道之志。归则日诵《孝经》《论语》《大学》，置其书袖中，逢人质义。《年谱》。至颜渊问仁章，曰："此孔门作圣功，非徒令人口耳也。"为笏，书"四勿"语，昕夕手持。耿定向撰《传》。

守庵公以户役，早起赴官家，方急取冷水盥面，先生见之，深以不得服劳为痛，遂请以身代役。守庵公患痔，痛剧，先生傍徨待侧，见血肿，以口吮之，守庵公瞿然曰："儿何至此？"痔寻瘥。里俗家庙多祀神佛像，先生告于守庵公曰："庶人宜奉祖先。"守庵公感悟，遂祭告而焚之，因按文公《家礼》，置四代神主祀焉。

一日，先生喟然叹曰："孟轲有言：言尧之言，行尧之行，而不服尧之服，可乎？"即按《礼经》制五常冠、深衣、绦、绖、笏板，行则规圆矩方，坐则焚香默识，每默坐体道，闭关静思，夜以继日，寒暑无间。《年谱》。以经征悟，以悟释经，行即悟处，悟即行处。赵贞吉撰《墓志铭》。其初见阳明诗曰："孤陋愚蒙住海滨，依书践履自家新。谁知日

日加新力，不觉腔中浑是春。"盖自道其初期为学
之经验也。

正德六年辛未，先生年二十九。一夕，梦天坠
压身，万人奔号求救，先生身托天起，见日月列宿
失序，手自整布如故，万人欢舞拜谢。醒则汗溢如
雨，顿觉心量洞明，天地万物一体。自此行住语
默，皆在觉中。题其座曰："正德六年间，居仁三
月半。"赵《铭》、耿《传》。论者谓为先生悟入之始。
甚或疑先生欲自行其学，恐不足动众，遂饰佛家悟
《法华》之说，以证己学有所从来。刘光汉撰《传》自
注，见乙巳《国粹学报》。实则先生僻处海隅，感民智浅
陋，觉世之愿根诸心而遂形诸梦。其后作《鳅鳝
赋》有云："肆前育鳝一缸，覆压缠绕，奄奄然若
死之状。忽见一鳅从中而出，或上或下，或左或
右，或前或后，周流不息，变动不居，若神龙然。
其鳝因鳅，得以转身通气。少顷，忽见风云雷雨交
作，其鳅乘势跃入天河，回视樊笼之鳝，思将有以
救之。奋身化龙，复作雷雨，倾满鳝缸，于是缠绕
覆压者皆欣欣然而有生意。"用以自况，大旨类同。

庚辰，先生年三十八，初见阳明。先是塾师黄
文刚者，吉安人也，听先生说《论语》首章，曰：

"节镇阳明公所论类若是。"先生讶曰:"有是哉?方今士大夫汩没于举业,沉酣于声利,皆然也。信有斯人论学如我乎?不可不往见之。吾将就正可否,而无以学术误天下。"《年谱》。告守庵公,以启行期,固请,继以泣,曰:"儿为学十年,求友不可得。今幸遇其人,可无一会乎?"徐樾撰《别传》。按:赵《铭》作:"先生喜曰:'有是哉?虽然,王公论良知,某谈格物,如其同也,是天以王公与天下后世也;如其异也,是天以某与王公也。'"先生晚年始悟《大学》格物之旨,赵说待考。即买舟往豫章。以古服进见,相与究竟疑义,应答如响,遂纵言,及天下事。阳明曰:"君子思不出其位。"先生曰:"某草茅匹夫,而尧舜君民之心未尝一日忘。"阳明曰:"舜居深山,与鹿豕木石游居,终身忻然,乐而忘天下。"先生曰:"当时有尧在上。"阳明然其言。稍稍隅坐,讲及致良知,先生叹曰:"简易直截,予所不及。"乃下拜,称弟子。退而绎所闻,间有不合,悔曰:"吾轻易矣。"明日入见,请再论,复踞上座。阳明喜曰:"有疑便疑,可信便信,不为苟从,予所乐也。"又反复论难,曲尽端委,先生竟大悦服。阳明谓门人曰:"吾擒宸濠,一无所动,今却为斯人动矣。"《年谱》。三日而告归,阳明曰："何为尔亟也?"曰："事亲从兄，无非实学，何必远游乎?"曰："孟轲氏寡母居邹，游学于鲁，七年而学成。我力量不如子，学问路头我则先知之。"阳明尝语门人曰："吾今得见真学圣人者，诸贤其知之乎?"门人曰："异服者欤?"曰："彼法服也。舍斯人，吾将谁友?"徐《传》。

先生归，七日复往豫章，过金陵，至太学前聚诸生讲论。时六馆之士具在，先生曰："吾为诸君发六经大旨。六经者，吾心之注脚也。道具于心，道明则经不必用，经明则传注不必穷。"听者悦服。大司成汪闲斋延入，见其冠服不时，问曰："古言无所乖戾，其义何如?"先生曰："公何以不问我无所偏倚，却问无所乖戾? 有无所偏倚，方做得无所乖戾。"闲斋心敬而惮之。

先生故长于言，七岁受书乡塾，信口谈说，若或启之，塾师已无能难者。武宗南巡，中贵矫上旨索鹰犬横甚，里人惶恐，追咎为慢佛，故先生躬往见中贵，中贵为感动罢猎。后欧阳南野闻而叹曰："立谈之顷，化及中贵，予不及心斋远矣。"《年谱》。嘉靖元年壬午，阳明以外艰家居，四方学者日聚其门。先生为构书院，调度馆谷以居，而鼓舞开导多委曲其间，已而叹曰："千载绝学，天启吾师，可使天下有不及闻者乎？"因问阳明以孔子辙环车制，阳明笑而不答。归家遂自创蒲轮，招摇道路。当是时，阳明之学谤议蜂起，而先生冠服言动不与人同，都人以怪魁目之。同门之在京者劝之归，阳明亦移书责之，先生始还会稽。阳明以先生意气太高，行事太奇，痛加裁抑，及门三日不得见。阳明送客出门，先生长跪道旁曰："艮知过矣。"阳明不顾而入，先生随至庭下，厉声曰："仲尼不为已甚。"阳明方揖之起。黄宗羲《明儒学案·心斋传》。

　　自是往会稽，侍阳明朝夕，岁以为常。乙酉，邹东廓聘与广德复初书院讲席。丙戌，主讲泰州安定书院。丁亥，会讲金陵新泉书院。"雨化风行，万众环集，先生抵掌其间，启以机钥，导以固有，靡不心开目明，霍然如牿得脱，如旅得归。"《二曲集·观感录》。开门授徒，远近咸至。同门会讲，必请先生主席。阳明而下，以辩才推龙溪，然有信有不信，唯先生于眉睫之间，省觉人最多。《明儒学案·心斋传》。其为人骨刚气和，性灵澄澈，音欬顾盼，使人意消，往往别及他事，以破本疑，机应响疾，精蕴毕露。赵《铭》。故顽廉懦立，感及齐氓，而化民成俗之功，且不在阳明下也。刘《传》。

阳明起，制两广，卒于师。内变外衅，祸机叵测。先生迎丧桐庐，经纪其家，为之托孤议姻，往返会稽、金陵间，终始其事者六七年。

己丑，巡抚刘节以隐逸荐先生。先生遗知州任洧书曰："恭闻执事以贤举仆矣。果如所举，则不敢如所召。果如所召，则又负所举矣。于此权之，与其负所举，宁不敢如所召也。孟子曰：'有大有为之君，必有所不召之臣。'仆固非不召之臣，亦不敢不愿学也。"《答太守任公书》。后八年，丁酉，巡按吴悌又以逸民荐。先生曰："疏山公荐疏中云云，亦理势之自然也。求之在我，必有一定之道，当量而后入，不可入而后量也。若君相求之，百执事荐之，然后出焉。此中节之和，吾之道可望其行矣，吾之出可谓明矣。《易》曰：'求而往，明也。'若君相不用，百执事虽荐之，不过尽彼职而已矣。在我者虽有行，亦不过敬君命而已矣。前此诸儒忽于此道，至于入而后量，是以取辱者多矣。"《答林子仁》。戊戌，扬州守刘爱山因先生弟子林春欲召见先生。先生曰："礼闻来学，不闻往教。致师而学，则学者不诚矣；往教，则教不立矣。昔公山、佛肸召，子尚欲往，而况其上者乎？欲往者，与人为善之诚也；终不往者，以其为善不诚也。使其诚能为善，则当求于我，又何以召言哉？"《再答林子仁》。进退不苟，风节凛然。居恒曰："出必为帝者师，处必为天下万世师。"或疑先生好为人师，先生曰："《礼》不云乎，学也者，学为人师也。学不足以为人师，皆苟道也。"丙申，御史洪垣为先生构东淘精舍，以居其徒。是年冬，守庵公卒，年九十三。

丁酉，先生玩《大学》，因悟格物之旨，以为反己自修皆是立本工夫，离却反己谓之失本，离却天下国家谓之遗末。同门不谅者，谓为自立门户。先生闻而叹曰："某于先师，受罔极恩，学术所系，敢不究心以报！"

戊戌，御史陈让按维扬，作歌呈先生。有曰："海滨有高儒，人品伊傅匹。"先生读之，笑谓门人曰："伊傅之事我不能，伊傅之学我不由。伊傅得君，可谓奇遇。如其不遇，终身独善而已。孔子则不然也。"己亥，吉水罗念庵造先生庐，居两日，曰："余两日闻心斋公言，虽未能尽领，至正己物正，却令人洒然有鼓舞处。"《年谱》。

时先生多病，四方就学日益众，先生据榻讲

论，不少厌倦。庚子十二月八日卒，年五十有八。谥文贞。初为门人私谥，徐樾有《私谥议》一文，《观感录》称后钦谥文贞，明刊本《全集》书名页作《皇明钦谥文贞公王心斋先生文集》，可证。议从祀孔子庙廷，明亡未果。《疏传合编》有"崇祯三年，御允从祀，勘议纶音"。子五：衣、襞、褆、补、裕。仲子襞，字东厓，能以心学世其家。

先生不喜著述，或酬应之作，皆令门人、儿子把笔，口占授之，能道其意所欲言而止。赵《铭》。先生卒后，门弟子编辑《年谱》《语录》，有《心斋先生全集》行于世。

先生之学，始于笃行，终于心悟。李春芳《崇儒祠记》。而要其笃行，非苟从之。谓有疑便疑，可信便信。及其既信，则以非常之自信力，而当下即行其所信。梁启超《节本明儒学案》。不复陷溺于陈言，不复自拘于流品。刘《传》。自信本于自尊。先生有言："身与道原是一件，至尊者此道，至尊者此身。尊身不尊道，不谓之尊身；尊道不尊身，不谓之尊道。若以道从人，妾妇之道也。己不能尊信，又岂能使人尊信？故行有不得者，皆反求诸己。反己是格物底工夫。格知身之为本，而天下国家之为末，立其身以为天下国家之本，则位育有不袭时位者。"
《语录》。至若以经征悟，以悟释经；行即悟处，悟即
行处，是先生早年之悟。"我将大成学印证，随言
随悟随时跻。只此心中便是圣，说此与人便是师。"
《大成学歌》。是先生晚年之悟。刘蕺山曰："王门有心
斋、龙溪，学皆尊悟，世称二王。心斋言悟虽超
旷，不离师门宗旨。至龙溪，直把良知作佛性看，
悬空期个悟，终成玩弄光景。"《明儒学案》述《师说》。
先生之心悟，自又与悬空有别。

东厓称："先生之学凡有三变。其始也，不由
师承，天挺独复，会有悟处，直以圣人自任，律身
极峻。其中也，见阳明翁，而学犹纯粹，觉往持循
之过力也，契良知之传，工夫易简，不犯做手，而
乐夫天然率性之妙，当处受用，通古今于一息，著
《乐学歌》。其晚也，明大圣人出处之义，本良知一
体之怀，而妙运世之则，学师法乎帝也，而出为帝
者师，学师法乎天下万世也，而处为天下万世师，
此龙德正中而修身见世之矩，与点乐偕童冠之义，
非遗世独乐者侔，委身屈辱者伦也，皆《大学》格
物修身立本之言，不袭时位，而握主宰化育之柄，
出然也，处然也，是之谓大成之圣，著《大成学

歌》。"《东厓集·上昭阳太师李石翁书》。

先生尝师事阳明豫章，而后深契阳明良知之学，以本心为理，以私欲为弊，而阐明良知本体，则一本于自然，以百姓日用为至道不假安排，以道体为至浑，以入道为至易。刘《传》。邹南皋元标曰："或问：'泰州崛起田间，不事《诗》《书》一布衣，何得闻斯道卓尔？'予曰：'惟不事《诗》《书》一布衣，此所以得闻斯道也。'以泰州之天灵皎皎，既无闻见之桎梏，又以新建明师证之，宜其为天下师也。窃尝论新建有泰州，犹金溪有慈湖，其两人发挥师传亦似不殊。"《谱余》。黄梨洲亦云："阳明先生之学，有泰州、龙溪而风行天下。"《明儒学案·泰州序》引。

然先生以九二见龙为正位，孔子修身讲学以见于世者，未尝一日隐也。"蒲轮辙环意见，阳明之所欲裁抑者，熟处难忘。"《明儒学案·心斋传》。梨洲虽谓为"于遁世不见知而不悔之学，终隔一尘"，而又曰："先生曰：'圣人以道济天下，是至尊者道也。人能宏道，是至尊者身也。道尊则身尊，身尊则道尊。故学也者，所以学为师也，学为长也，学为君也。以天地万物依于身，不以身依于天地万物。舍此皆妾妇之道。'圣人复起，不易斯言。"_同上。先生之不墨守师说，梨洲固心许之。其所著《明儒学案》，乃为先生别立泰州一系，不与于浙中、江右、南中、楚中、北方、粤闽王门诸弟子之列。

先生既以身为天下国家之本，则正物者实己身所负之责。刘《传》。凡见人恶，只是己未尽善，己若尽善，自当改易。以此见己一身不是小，一正百正，一了百了。《年谱》。道寓于身，身尊则道重。"出不为帝者师，是漫然苟出，反累其身，则失其本；处不为天下万世师，是独善其身，而不讲明此学，则遗其末，皆为小成。本末一贯，乃合内外之道。"《语录》。故明明德以明体，亲民以达用，又止至善以安身。"知明明德而不知亲民，遗末也，非万物一体之德也；知明德、亲民而不知安身，失本也，其本乱而末治者否矣，亦莫之能亲民也；知安身而不知明明德、亲民，亦非所谓立本也。"《语录》。先生于明体、达用而外别树安身一义，其所谓安身实统夫明体、达用而言。

先生又言："天民随命，大人造命。"此语亦前儒所未阐。造命者，人与天争之谓，观此可以见先生之志。刘《传》。

刘蕺山曰:"王门惟心斋氏盛传其说,从不学不虑之旨,转而标之曰'自然',曰'学乐'。末流衍蔓,浸为小人之无忌惮。"《明儒学案》述《师说》。第如梨洲所云:"泰州之后,其人多能赤手以搏龙蛇,掀翻天地,前不见古人,后不见来者,赤身担当,无有放下时节。"《明儒学案·泰州序》引。则其精神气魄,实有大过人者。故阳明活用孔孟之学,而泰州又活用阳明之学者。必如泰州,然后阳明学乃真有关系于社会于国家。《节本明儒学案》。夫豪杰而不圣贤者有之,未有圣贤而不豪杰者也。《疏传合编·会试策题跋》。若先生者,其圣贤而豪杰者乎!

《明史》称:"阳明弟子遍天下,率都爵位有气势。艮以布衣抗其间,声名远出诸弟子上。然艮本狂士,往往驾师说上之,持论益高远,出入于二氏。"然或问:"佛老得吾儒之体?"先生曰:"体用一原。有吾儒之体便有吾儒之用,佛老之用则自是佛老之体。"《语录》。先生固早自有辨。

赵大洲曰:"先生之学以悟性为宗,以格物为要,以孝弟为实,以太虚为宅,以古今为旦暮,以明学启后为重任,以九二见龙为正位,以孔氏为家法，可谓契圣归真、生知之亚者也。"赵《铭》。

李二曲曰："昔人有迹本凡鄙卑贱，而能自奋自立，超然于高明广大之域，上之为圣为贤，次亦获称善士。如心斋先生，本一盐丁也，贩盐山东，登孔庙，而毅然思齐，绍前启后，师范百世。窃意观者必感，感则必奋，则又何前修之不可企及？有为者亦若是，特在乎勉之而已矣。"《二曲集·观感录》。

二　学　述

先生之学，已于《传纂》中述其大略。兹复辑录《集》中要语，稍加比次，挈其纲领，其诸家论说可供参证者，酌附列焉。

（一）良知为自然天则

天理者，天然自有之理也，才欲安排如何，便是人欲。

只心有所向便是欲，有所见便是妄，既无所向又无所见，便是"无极而太极"。良知一点，分分明明，停停当当，不用安排思索，圣神之所以经纶变化而位育参赞者，皆本诸此也。《与俞纯夫》。

良知之体与鸢鱼同一活泼泼地。当思则思，思通则已。如周公"思兼三王"，"夜以继日，幸而得之，坐以待旦"，何尝缠绕？要之自然天则，不着人力安排。

问庄敬持养工夫。曰："道一而已矣。'中'也，'良知'也，'性'也，一也。识得此理，则现现成成，自自在在。即此不失，便是庄敬。即此常存，便是持养。真不须防检。不识此理，庄敬未免着意，才着意便是私心。"

一友持功太严，先生觉之曰："是学为子累矣。"因指斫木者示之曰："彼却不曾用功，然亦何尝废事？"

"戒慎恐惧"，莫离却"不睹不闻"，不然便入于有所戒慎、有所恐惧矣。故曰："人性上不可添一物。"

颜子"有不善未尝不知"，常知故也；"知之未尝复行"，常行故也。

有心于轻功名富贵者，其流弊至于无父无君；有心于重功名富贵者，其流弊至于弑父与君。

谨按：阳明"'致良知'一语发自晚年，未及与学者深究其旨"。《明儒学案·姚江序》引。胡今山瀚云："阳明没，诸弟子纷纷互讲良知之学，其最盛者山阴王汝中、泰州王汝止、安福刘君亮、永丰聂文蔚，四家各有疏说，骎骎立为门户。慧者论证悟，深者研归寂，达者乐高旷，精者穷主宰流行，俱得其说之一偏。汝止以自然为宗，季明德又矫之以龙惕，龙惕所以为自然也。龙惕而不洽于自然，则为拘束；自然而不本于龙惕，则为放旷。"《明儒学案·浙中五胡传》。然考阳明言："圣人之学，惟致此良知而已。自然而致之者，圣人也；勉然而致之者，贤人也；自蔽自昧而不肯致之者，愚不肖者也。"《王文成公全书》卷八《书魏师孟卷》。"良知人所同具，而致知只是各随分限所及。"《传习录下》。先生则以良知现现成成、自自在在，不失便是庄敬，常存便是持养，才着意便是私心。圣人之道无异于百姓日用。《语录》。良知自然而致，百姓亦无异于圣人。阳明答人问良知诗曰："自家痛痒自家知。"《文成全书》卷二十。先生次诗曰："良知原有不须知。"盖"良知无时而昧，不必加知"《一庵会语》。之意。

（二）百姓日用即道

圣人之道无异于百姓日用，凡有异者，皆谓之异端。

百姓日用条理处即是圣人之条理处，圣人知便不失，百姓不知便会失。

圣人经世只是家常事。

或问"中"。先生曰："此童仆之往来，'中'也。"曰："然则百姓之日用即'中'乎?"曰："孔子云'百姓日用而不知'，使非'中'，安得谓之道? 特无先觉者觉之，故不知耳。若'智者见之谓之智，仁者见之谓之仁'，有所见便是妄，妄则不得谓之'中'矣。"

愚夫愚妇与知能行，便是"道"。与鸢飞鱼跃同一活泼泼地，则知"性"矣。

此学是愚夫愚妇能知能行，圣人之道不过欲人皆知皆行，即是位天地、育万物。《年谱》。

往年有一友问心斋先生云："如何是'无思而无不通'？"先生呼其仆即应，命之取茶即捧茶至。其友复问，先生曰："才此仆未尝先有期我呼他的心，我一呼之便应，这便是无思无不通。"是友曰："如此则满天下都是圣人了？"先生曰："却是日用而不知。有时懒困着了或作诈不应，便不是此时的心。"《明儒学案·江右一邹录》。

谨按：阳明谓："与愚夫愚妇同的，是谓同德。与愚夫愚妇异的，是谓异端。"《传习录下》。先生则直以百姓日用即为圣人之道。阳明云："良知良能，愚夫愚妇与圣人同。但惟圣人能致其良知，而愚夫愚妇不能致，此圣愚之所由分也。"《传习录中》。先生则直以百姓日用条理处即是圣人之条理处，圣人知便不失，百姓不知便会失。圣愚之分，阳明以为在能致不能致，重工夫；先生以为在不失与会失，重本体。惟百姓日用而不知，故曰："以先知觉后知，是圣愚之分知与不知而已矣，此简易之道也。"《与薛中离》。"简易直截，先生固陆子以后之第一人。"刘《传》自注。

（三）学　乐

人心本自乐，自将私欲缚。私欲一萌时，良知还自觉。一觉便消除，人心依旧乐。乐是乐此学，学是学此乐。不乐不是学，不学不是乐。乐便然后学，学便然后乐。乐是学，学是乐。於乎！天下之乐，何如此学？天下之学，何如此乐？《乐学歌》。

人心本无事，有事心不乐。有事行无事，多事亦不错。《示学者》。

"不亦说乎？""说"是心之本体。

日用间毫厘不察，便入于功利而不自知，盖功利陷溺人心久矣。须见得自家一个真乐直与天地万物为一体，然后能宰万物而主经纶，所谓"乐则天，天则神"。

学者不见真乐，则安能超脱而闻圣人之道？

谨按：黄梨洲云："自夫子川上一叹，已

将天理流行之体一口并①出。曾点见之而为暮春，康节见之而为元会运世。故言学不至于乐，不可谓之学。至明而为白沙之藤蓑，心斋父子之提唱，是皆有味乎其言之。然而此处最难理会，稍差便入狂荡一路。"《明儒学案·东厓传》。阳明云："君子之所谓乐，非旷荡放逸、纵情肆意也。乃其心体不累于欲，无入而不自得之谓耳。"《文成全书》卷五《与舒国用》。"洒落"，《明儒学案》引作"乐"。刘蕺山论阳明"急于明道，往往将向上一几轻于指点，启后学躐等之弊有之"。《明儒学案》述《师说》。"先生主乐，末世有猖狂自恣以为乐体者，则学者之流弊也。"《谱余》邹南皋语。

（四）看书先得头脑

学者初得头脑，不可便讨闻见支撑，正须养微

---

① "口并"，《明儒学案》作"日进"。

致盛，则天德王道在此矣。六经、四书，所以印证者也。若功夫得力，然后看书，所谓"温故而知新"也。不然，放下书本便没工夫做。

孔子虽天生圣人，亦必学《诗》、学礼、学《易》，逐段研磨，乃得明彻之至。

"若能握其机，何必窥陈编。"白沙之意有在，学者须善观之。六经正好印证吾心。孔子之"时中"，全在韦编三绝。

曾点童冠舞雩之乐，正与孔子"无行不与二三子"之意同，故喟然与之。只以三子所言为非，便是他狂处。譬之曾点有家当，不会出行；三子会出行，却无家当；孔子则又有家当，又会出行。

社稷民人固莫非学，但以政为学最难。吾人莫若且做学而后入政。

良知固无不知，然亦有蔽处。如子贡欲去告朔之饩羊，而孔子曰："尔爱其羊，我爱其礼。"齐王欲毁明堂，而孟子曰："王欲行王政，则勿毁之矣。"若非圣贤救正，不几于毁先王之道乎？故正诸先觉、考诸古训，多识前言往行而求以明之，此致良知之道也。观诸孔子曰"不学《诗》，无以言；不学礼，无以立"，"五十以学《易》，可以无大过"，则可见矣。然子贡"多学而识之"，夫子又以为非者，何也？说者谓子贡不达其简易之本，而徒事其末，是以支离外求而失之也。故孔子曰："吾道一以贯之。""一"者，良知之本也，简易之道也；"贯"者，良知之用也，体用一原也。使其以良知为之主本，而多识前言往行以为之畜德，则何多识之病乎？《奉绪山先生书》。

谨按：阳明云："圣人本体明白，故事事知个天理所在，便去尽个天理。不是本体明后，却于天下事物都便知得，便做得来。"又云："良知明白。随你去静处体悟也好，随你去事上磨炼也好，良知本体原是无动无静的。此便是学问头脑。"《传习录下》。先生以学者既得头脑，六经正好印证吾心，所谓又有家当又会出行也。功夫得力，然后看书，先立乎其大者，而小者不能夺。束书不观，游谈无根，未可以议先生。

（五）格物有本末之物

《大学》是经世完书，吃紧处只在"止于至善"，格物却正是止至善。

"格物"之物，即"物有本末"之物。"其本乱而末治者否矣。其所厚者薄，而其所薄者厚，未之有也"，此格物也。故即继之曰："此谓知本，此谓知之至也。"

"自天子以至于庶人"至"此谓知之至也"一节，乃是释"格物致知"之义。身与天下国家一物也，惟一物，而有本末之谓。格，絜度也。絜度于本末之间，而知"本乱而末治者否矣"，此格物也。物格，知本也。知本，知之至也。故曰"自天子至于庶人，壹是皆以修身为本"也。

《大学》首言格物致知，说破学问大机栝，然后下手，工夫不差。诚意、正心、修身、齐家、治国、平天下，由此而措之耳。此孔门家法也。

"行有不得者，皆反求诸己"，反己是格物底工夫。"其身正，而天下归之"，正己而物正也。

问："反己是格物否？"曰："物格知至，知本也。诚意、正心、修身，立本也。本末一贯，是故爱人、治人、礼人也，格物也。不亲、不治、不答，是谓行有不得于心，然后反己也。格物然后知反己，反己是格物的工夫。反之如何？正己而已矣。反其仁、治、敬，正己也。其身正而天下归之，此正己而物正也。然后身安也。"

问"格"字之义。曰："'格'如格式之格，即'絜矩'之谓。吾身是个矩，天下国家是个方，絜矩则知方之不正由矩之不正也。是以只去正矩，却不在方上求。矩正则方正矣，方正则成格矣。故曰物格。吾身对上下、前后、左右是物，絜矩是格也。'其本乱而末治者否矣'，便见絜度格字之义。格物，知本也。"

吾身犹矩，天下国家犹方。天下国家不方，还是吾身不方。

"射有似乎君子，失诸正鹄，反求诸其身"，"不怨胜己者"，正己而已矣。"君子之行有不得者，皆反求诸己"，亦惟正己而已矣。故曰："不怨天，不尤人。"

夫仁者爱人，信者信人，此合内外之道也。于此观之，不爱人，己不仁可知矣；不信人，己不信可知矣。夫爱人者人恒爱之，信人者人恒信之，此感应之道也。于此观之，人不爱我，非特人之不仁，己之不仁可知矣；人不信我，非特人之不信，己之不信可知矣。《勉仁方》。

谨按：《大学》格物之说，释者纷如。全谢山曰："七十二家格物之说，令末学穷老绝气，不能尽举其异同。至于以物即'物有本末'之物，此说最明了。盖物有本末，先其本则不逐其末，后其末则亦不遗其末，可谓尽善。身以内之物曰心、曰意、曰知，身以外之物曰家、曰国、曰天下，语物而返身至于心、意、知，即身而推至于家、国、天下，更何一物之遗者？而况先格其本，后格其末，则自无驰心荒远，与夫一切玩物丧志之病。程子所谓不必尽穷天下之物者，其义已交相发。故心斋论学未必皆醇而其言格物则最不可易。"《经史问答》。刘蕺山曰："后儒格物之说，当以淮南为正。第少一注脚，格知诚意之为本，而正修治平之为末，则备矣。"《明儒学案·心斋传》。又曰：
"《大学》一书，程朱说诚正，阳明说致知，
心斋说格物，盰江说明明德，剑江说修身，至
此其无余蕴。"《明儒学案》述《师说》。先生格物宗
旨唱自晚年，同门不谅，谓为自立门户。盖其
说与阳明不同，阳明训物为事，凡意之所发必
有其事；训格为正，正其不正以归于正。所谓
致吾心之良知于事事物物，则事事物物皆得其
理，义近名学之演绎。然与上文"物有本末"
之"物"既不一例，又豫夺下文"诚意正心"
之实事，而经文先后相次之旨全不可通。陈柱
《格物释文》，载《国学论衡》。先生理会得"格物致
知"四字本旨，"不用增一字解释，本义自足，
验之《中庸》《论》《孟》《周易》，洞然吻
合"。《语录》。其格物知本一义，尤得演绎之要。
盖孔子言一贯道在忠恕，惟尽己乃能推己，本
乱而末治者否矣。然本何以知？先生释之以絜
矩。絜度于本末之间，行有不得者皆反求诸己，
反身而诚乐莫大焉，矩既正而方不可胜用也。
絜本者，以同法推之同类，是演绎；度末者，
从同类以求同法，近归纳。既絜其本，又度其

末，而后本之体立，本之用彰，下手工夫不差，所以为学问大机栝也。

（六）修中以立本

《中庸》"中"字，《大学》"止"字，本文自有明解，不消训释。"喜怒哀乐之未发谓之中"，"中也者，天下之大本也"，是分明解出"中"字来。"于止，知其所止"，止仁、止敬、止慈、止孝、止信，是分明解出"止"字来。

程子曰："一刻不存，非中也。一事不为，非中也。一物不该，非中也。"知此，可与究"执中"之学。

惟皇上帝，降中于民，本无不同。鸢飞鱼跃，此中也。譬之江、淮、河、汉，此水也；万紫千红，此春也。保合此中，无思也，无为也，无意必，无固我，无将迎，无内外也。何邪思？何妄念？惟百姓日用而不知，故曰："君子存之，庶民去之。"学也者，学以修此中也。戒慎恐惧，未尝致纤毫之力，乃为修之之道。故曰：合着本体是工夫，做得工夫是本体。先知"中"的本体，然后好用"修"的工夫。

谓子敬曰："近日工夫何如？"对曰："善念动则充之，恶念动则去之。"曰："善念不动，恶念不动，又如何？"不能对。先生曰："此却是中，却是性。戒慎恐惧此而已矣。是谓'顾谌天之明命'，'立则见其参于前，在舆则见其倚于衡'。常是此中，则善念动自知，恶念动自知，善念自充，恶念自去。如此慎独，便可知立大本。知立大本，然后内不失己，外不失人，更无渗漏。使人人皆如此用功，便是致中和，便是位天地、育万物事业。"

戒慎恐惧，诚意也。然心之本体，原着不得纤毫意思，才着意思，便"有所恐惧"，便是"助长"，如何谓之正心？是诚意工夫犹未妥帖，必须扫荡清宁，无意无必，不忘不助，是他真体存存，才是正心。然则正心固不在诚意内，亦不在诚意外。若要诚意，却先须知得个本在吾身，然后不做差了。又不是致知了便是诚意。须物格知至，而后好去诚意。则诚意固不在致知内，亦不在致知外。《大学》言平天下在治其国，治国在齐其家，齐家在修其身，修身在正其心。而正心不言在诚其意，诚意不言在致其知，可见致知、诚意、正心各有工夫，不可不察也。

　　谨按：阳明四句教谓："无善无恶心之体，有善有恶意之动，知善知恶是良知，为善去恶是格物。"先生所云善念不动、恶念不动之中，即阳明所谓无善无恶之心体。然阳明以知善知恶是良知，为善去恶是格物，先生则以格物为知本，诚意、正心、修身为立本，知中为天下大本。常是此中，则善念自充，恶念自去，戒慎恐惧未尝致纤毫之力，修中之道即诚意、正心工夫，亦即所以立本也。先生答刘子中曰："来书云'简易工夫，只是慎独立大本'，此是得头脑处。"

（七）修身以立本

"大人者，正己而物正者也。"故立吾身以为天下国家之本，则位育有不袭时位者。

知得身是天下国家之本，则以天地万物依于己，不以己依于天地万物。

学也者，学为人师也。学不足以为人师，皆苟道也。故必修身为本，然后师道立而善人多矣。如身在一家，必修身立本，以为一家之法，是为一家之师矣；身在一国，必修身立本，以为一国之法，是为一国之师矣；身在天下，必修身立本，以为天下之法，是为天下之师矣。

徐子直问曰："何哉，夫子之所谓尊身也？"曰："身与道原是一件。至尊者此道，至尊者此身。尊身不尊道，不谓之尊身；尊道不尊身，不谓之尊道。须道尊身尊，才是至善。故曰：天下有道，以道殉身；天下无道，以身殉道。必不以道殉乎人。有王者作，必来取法，学焉而后臣之，然后不劳而王。如或不可则去。仕止久速，精义入神，见机而作，避世、避地、避言、避色，如神龙变化，莫之能测。若以道从人，'妾妇之道'也。己不能尊信，又岂能使人尊信哉？"

谨按：象山谓："宇宙内事乃己分内事，

己分内事乃宇宙内事。"先生曰:"诚明之至,无物不覆,反求诸身,把柄在手,会得此数语,便是宇宙在我,万化生身。"《语录》。"知身与道原是一件,则能以身任道,特立于流俗之中矣。"刘《传》。若己不能尊信,则无以使人尊信,故必修身为本,然后师道立而善人多也。知立大本,然后内不失己,外不失人。诚意、正心、修身,皆为立本。诚、正所以存中,修身所以任道,内外合而体用一也。黄梨洲曰:"先生以天地万物依于己,不以己依于天地万物,圣人复起,不易斯言。"

(八)大人造命

孔子之不遇于春秋之君,亦命也。而周流天下,明道以淑斯人,不谓命也。若天民,则听命矣。故曰:大人造命。

舜于瞽瞍,命也。舜尽性,而"瞽瞍底豫",是故"君子不谓命也"。陶渊明言"天命苟如此,且尽杯中物"，便不济。

人之天分有不同，论学则不必论天分。

或问"智者不惑，仁者不忧，勇者不惧"。曰："我知天，何惑之有？我乐天，何忧之有？我同天，何惧之有？"

> 谨按：罗念庵曰："心斋论'仁之于父子'曰：'瞽瞍未化，舜是一样命；瞽瞍既化，舜是一样命。可见性能易命。'"《明儒学案·江右三罗录》。造命二字，为以天地万物依于己进一解，最足以廉顽立懦。此念庵闻先生论正己物正，所以洒然鼓舞也。

（九）求万物一体之志

"隐居以求其志"，求万物一体之志也。

学者有求为圣人之志，始可与言学。先师常云："学者立得定，便是尧、舜、文王、孔子根基。"

门人问"志伊学颜"。先生曰："我而今只说志孔子之志，学孔子之学。"曰："孔子之志与学，与伊尹、颜渊异乎？"曰："未可轻论，且将孟子之言细思之，终当有悟。"

"志于道"，立志于圣人之道也。"据于德"，据仁、义、礼、智、信，五者，心之德也。"依于仁"，仁者善之长，义、礼、智、信皆仁也，此学之主脑也。"游于艺"，"多识前言往行，以蓄其德"也。

只在简易慎独上用功，当行而行，当止而止，此是"集义"。即此充实将去，则仰不愧、俯不怍，故浩然之气塞乎两间，又何遇境摇动、闲思妄念之有哉？此孟子"集义所生"，"四十不动心"者也。若只要遇境不动摇、无闲思妄念，便是告子不集义，"先我不动心"者也。毫厘之差，不可不辨。《答刘子中》。

　　谨按：黄梨洲曰："阳明先生之学，有泰州、龙溪而风行天下，亦因泰州、龙溪而渐失其传。泰州、龙溪时时不满其师说，益启瞿昙之秘而归之师，盖跻阳明而为禅。"《明儒学案·泰州序》引。然阳明云："吾儒养心，未尝离却事物，只顺其天则自然就是功夫。释氏却要尽绝事物，把心看做幻相，渐入虚寂去了，与世间若无些子交涉，所以不可治天下。"《传习录下》。先生以求志为求万物一体之志，毫厘之差，一语道破，儒、释疆界，渺若山河，此有目者所共睹也。《明儒学案·阳明传》。

（十）修身讲学以见于世

孔子谓"二三子以我为隐乎"，此"隐"字对"见"字说。孔子在当时虽不仕，而无行不与二三子，是修身讲学以见于世，未尝一日隐也。隐则如丈人、沮溺之徒，绝人避世而与鸟兽同群是已。乾初九"不易乎世"，故曰"龙德而隐"；九二"善世不伐"，故曰"见龙在田"。观桀溺曰"滔滔者天下皆是也，而谁以易之"，非"隐"而何？孔子曰"天下有道，丘不与易也"，非"见"而何？

孔子曰："吾无行而不与二三子者，是丘也。"

只是学不厌、教不倦，便是致中和，位天地，育万物，便做了尧舜事业。此至简至易之道，视天下如家常事，随时随处无歇手地。故孔子为独盛也。

"致中和，天地位焉，万物育焉。"不论有位无位，孔子学不厌而教不倦，便是"位育"之功。

良知即性，"性焉安焉之谓圣"。知不善之动，而"复焉执焉之谓贤"。惟百姓日用而不知，故曰"以先知觉后知"。一知一觉，无余蕴矣。此孔子学不厌而教不倦，合外内之道也。《答徐子直》。

"见龙"，可得而见之谓也；"潜龙"，则不可得见矣。惟人皆可得而见，故"利见大人"。

"飞龙在天，上治也"，圣人治于上也。"见龙在田，天下文明"，圣人治于下也。惟此二爻谓之大人，故在下必治，在上必治。

圣人虽"时乘六龙以御天"，然必当以"见龙"为家舍。

问"时乘六龙"。先生曰："此是说圣人出处。是这出处，便是这学。此学既明，致天下尧舜之世只是家常事。"

唐虞君臣只是相与讲学。

六阳从地起，故经世之业莫先于讲学以兴起人才。古人位天地、育万物，不袭时位者也。

吾人必须讲明此学，实有诸己，大本、达道，洞然无疑。有此把柄在手，随时随处无入而非行道矣。有王者作，是为王者师也。

　　谨按：先生《大成学歌》云："我说道心中和，原来个个都中和。我说道心中正，个个人心自中正。常将中正觉斯人，便是当时大成圣。"盖觉世之功有如此。先生又曰："伊、傅得君，可谓奇遇。如其不遇，终身独善而已。孔子则不然。孔子虽不仕，修身讲学以见于世，未尝一日隐也。""《语》曰：'默而识之，学而不厌，诲人不倦。'先生有焉。"凌儒撰《祠堂记》。

（十一）善　教

"教不倦，仁也。"须善教，乃有济，故又曰："成物，智也。"

学讲而后明，"明则诚矣"。若不诚，则是不明。

容得天下人，然后能教得天下人。《易》曰："包蒙，吉。"

善者与之则善益长，恶者容之则恶自化。

教子无他法，但令日亲君子而已。涵育熏陶，久当有别。

爱人直到人亦爱，敬人直到人亦敬，信人直到人亦信，方是学无止法。

君子之道，"以人治人，改而止"；其有未改，吾宁止之矣？若夫讲说之不明，是己之责也；引导之不时，亦己之责也；见人有过而不能容，是己之过也；能容其过而不能使之改正，亦己之过也。欲物正，而不先正己者，非大人之学也。故"诚者非自成己而已也，所以成物也。成己，仁也；成物，智也。性之德也，合外内之道也，故时措之宜也"。是故君子"学不厌而教不倦"，如斯而已矣。《勉仁方》。

不面斥朋友之失，而以他事动其机，亦是成物之智处。

有别先生者以远师教为言，先生曰"途之人皆明师也”，得深省。

有学者问“放心难求”。先生呼之，即起而应。先生曰："尔心见在，更求何心乎？"

　　谨按：先生以"爱人者人恒爱之，信人者人恒信之，为感应之道"。朋之来也，"必也使之明此良知之学，简易快乐，优游厌饫，日就月将，自改自化而后已"。《勉仁方》。故"先生于眉睫之间省觉人最多"，"学者有积疑，见先生多不问而解"。《语录》。

（十二）安　身

问"止至善"之旨。曰："'明明德'以立体，'亲民'以达用，体用一致，阳明先师辨之悉矣。但谓'至善为心之本体'，却与'明德'无别，恐非本旨。尧舜执中之传以至孔子，无非明明德、亲民之学。独未知'安身'一义，乃未有能止至善者。故孔子悟透此道理，却于明明德、亲民中立起一个极来，又说个'在止于至善'。'止至善'者，'安身'也；'安身'者，立天下之大本也。本治而末治，正己而物正也，大人之学也。是故身也者，天地万物之本也；天地万物，末也。知身之为本，是以明明德而亲民也。身未安，本不立也。'本乱而末治者否矣'，本乱末治，末愈乱也。故《易》曰'身安而天下国家可保也'。不知'安身'，则明明德、亲民却不曾立得天下国家的本，是故不能主宰天地、斡旋造化。立教如此，故'自生民以来，未有盛于孔子者也'。"

修身，立本也；立本，安身也。引《诗》释"止至善"曰"缗蛮黄鸟，止于丘隅"，知所以安身也。孔子叹曰"于止，知其所止，可以人而不如鸟乎"，要在知安身也。《易》曰"君子安其身而后动"，又曰"利用安身"，又曰"身安而天下国家可保也"，孟子曰"守孰为大？守身为大。失其身而能事其亲者，吾未之闻"，同一旨也。

立本，安身也。安身以安家而家齐，安身以安国而国治，安身以安天下而天下平也。故曰"修己以安人，修己以安百姓"，"修其身而天下平"。不知安身，便去干天下国家事，是之为失本。就此失脚，将烹身割股，饿死结缨，且执以为是矣。不知身不能保，又何以保天下国家哉？

知本，"知止"也。如是而不求于末，"定"也。如是而天地万物不能挠己，"静"也。如是而"首出庶物"，至尊至贵，"安"也。如是而知几先见，精义入神，仕止久速，变通趋时，"虑"也。如是而身安如黄鸟，"色斯举矣，翔而后集"，无不得所止矣，"止至善"也。

谓朱纯甫曰："学问须知有个把柄，然后用功不差。本末原拆不开。凡于天下事，必先要知本，如'我不欲人之加诸我也'，是安身也，立本也，明德止至善也。'吾亦欲无加诸人'，是所以安人，安天下也，不遗末也，亲民止至善也。"

有疑先生安身之说者，问焉曰："夷、齐虽不安其身，然而安其心矣。"先生曰："安其身而安其心者上也，不安其身而安其心者次之，不安其身又不安其心，斯其为下矣。"

问节义。先生曰："'危邦不入，乱邦不居'，道尊而身不辱，其知几乎！""然则孔孟何以言成仁取义？"曰："应变之权固有之，非教人家法也。"

乍见孺子入井而恻隐者，众人之仁也；"无求生以害仁，有杀生以成仁"，贤人之仁也；"吾未见蹈仁而死者矣"，圣人之仁也。

"明哲"者，良知也。"明哲保身"者，良知良能也。知保身者，则必爱身；能爱身，则不敢不爱人。能爱人，则人必爱我；人爱我，则吾身保矣。能爱身者，则必敬身；能敬身，则不敢不敬人。能敬人，则人必敬我；人敬我，则吾身保矣。故一家爱我则吾身保，吾身保然后能保一家。一国爱我则吾身保，吾身保然后能保一国。天下爱我则吾身保，吾身保然后能保天下。知保身而不知爱人，必至于适己自便、利己害人，人将报我，则吾身不能保矣。吾身不能保，又何以保天下国家哉？知爱人而不知爱身，必至烹身割股、舍生杀身，则吾身不能保矣。吾身不能保，又何以保君父哉？《明哲保身论》。

谨按：先生以安身而安心者为上，身不安而心安者为次。所谓安身，即《中庸》"君子无入而不自得"也。其以舍生杀身为背于保身之道，亦合《儒行》"爱死有待，养身有为"之义。刘《传》自注。且其所谓保身，要在道尊而身不辱。尊道不尊身，不谓之尊道；尊身不尊道，不谓之尊身。道尊身尊，才是至善。非求生害仁，适己自便之类也。黄梨洲曰："然所谓安身者，亦是安其心耳，非区区保此形骸之为安也。彼居危邦，入乱邦，见几不作者，身不安而心固不安也。不得已，而杀身以成仁。文王之羑里，夷齐之饿，心安则身亦未尝不安也。乃先生又曰：'安其身而安其心者上也，不安其身而安其心者次之，不安其身又不安其心，斯为下矣。'而以缗蛮为安身之法，无乃开一临难苟免之隙乎?"《明儒学案·心斋传》。梨洲生当季世，所云临难苟免，盖有激而发。观于先生弟子徐樾布政云南受降殉职一事，梨洲谓为"于尊身之道有间"。《明儒学案·徐樾传》。则泰山鸿毛之辨，梨洲亦固知之矣。

（十三）进不失本退不遗末

大丈夫存不忍人之心，而以天地万物依于己，故出则必为帝者师，处则必为天下万世师。出不为帝者师，失其本矣；处不为天下万世师，遗其末矣。进不失本、退不遗末，止至善之道也。

出必为帝者师，言必尊信吾修身立本之学，足以起人君之敬信，来王者之取法，夫然后道可传，亦可行矣，庶几乎己立后自配得天地万物，而非牵以相从者也。斯出，不遗本矣。处必为天下万世师，言必与吾人讲明修身立本之学，使为法于天下，可传于后世，夫然后立必俱立，达必俱达，庶几乎修身见世，而非独善其身者也。斯处也，不遗末矣。孔孟之学正如此。故其出也，以道殉身，而不以身殉道；其处也，学不厌而教不倦。本末一贯，夫是谓明德、亲民止至善矣。

危其身于天地万物者，谓之失本；洁其身于天地万物者，谓之遗末。

知安身而不知行道，知行道而不知安身，俱失一偏。故"居仁由义，大人之事备矣"。

《中庸》先言"慎独""中""和"，说尽"性"学问；然后言"大本""致中和"，教人以出处进退之大节。

孟子道性善必称尧舜，道出处必称孔子。

知此学，则出处进退各有其道。有为行道而仕者，行道而仕，敬焉、信焉、尊焉，可也。有为贫而仕者，为贫而仕，在乎尽职，"会计当""牛羊茁壮长"而已矣。

"卑礼厚币以招贤者"，而孟轲至梁，即"求而往，明也"。"国有道，不变塞焉"，即"女子贞不字"。

　　谨按：先生两辞荐辟，以为求之在我，当量而后入，不可入而后量。然先生虽伏处草茅，而尧舜君民之心未尝一日忘也。其出处进退之大节，一以孔子为法。《答王龙溪书》曰："书来，云罗子疑'出入为师'之说，惜不思问耳。先生知我之心，知先师之心，未知能知孔子之心否？欲知孔子之心，须知孔子之学；知孔子之学，而丈夫之能事毕矣。"

（十四）学术宗源在出处大节

"夫子之道，忠恕而已矣。"忠恕，学之准则也，便是"一以贯之"。孔子以前无人说忠恕，孟子以后无人识忠恕。

孔子之学惟孟子知之，韩退之谓"孔子传之孟子"，真是一句道着。有宋诸儒只为见孟子粗处，所以多忽略过。学术宗源全在出处大节，气象之粗未甚害事。

近悟得阴者阳之根，屈者伸之源。孟子曰："不得志，则修身见于世。"此便是"见龙"之屈，利物之源也。孟氏之后，千古寥寥，鲜识此义。今之欲仕者必期通，而舍此外慕，固非其道。陶渊明丧后归辞之叹，乃欲息交绝游，此又是丧心失志。周子谓其为隐者之流，不得为中正之道。后儒不知，但见高风，匍匐而入。《与薛中离》。

"智，譬则巧；圣，譬则力。"宋之周、程、邵，学已皆到圣人，然而未智也，故不能巧中。孔子致知格物而止至善，安身而动，便智巧。

谨按：邹东廓称先生"俯世寥寥，尚友之志，谓颜可学，矫矫遐企"。《奠文》。欧阳南野称先生"迪德自身，率作有机，乐云寻孔，志必慕伊"。《奠文》。然门人问志伊学颜，先生则答以"我而今只说志孔子之志，学孔子之学"，观于右录各条，直以孔孟道脉自任。李二曲称之为"绍前启后，师范百世"，宜也。

三 著述考

先生生平不喜著述，赵《铭》。且不以言语为教，谋梓《遗集·尺牍·张峰寄王衣书》。今存《全集》等书，皆先生殁后所辑，本篇列其篇目，以见先生学术之所寄。

心斋先生全集六卷　明刊本　三贤全书本　王世丰翻刻本　乐学堂文贞全集本　袁承业排印本

先生曾孙元鼎增辑。万历四十二年甲寅周海门贻元鼎训词称元鼎哀集累代遗文，礼接四方贤士，刻先生之集，增为六本。海门并为全书撰序。《续谱余》。序文未刊。

集首载万历三十五年丁未陈履祥原序。序称先生性真，不侈文字，而随人指点，散在士林，旧录未之悉也。诸孙氏之垣等旁搜而增益之，稍稍成先生全书。之垣所刻是为元鼎之蓝本。

陈序所云旧录，合《年谱》《语录》而言。《语录》初编者为先生门人吴标、张峰等。考张峰称："先生《语录》前与竹山_标略有定本，但未为完备。近蒙疏山公_{吴悌}重加校正。"谋梓《遗集·尺牍》。惜编辑年月失纪。

《年谱》初编者为先生仲子襞及门人董燧、聂静等。董燧《年谱后序》称："壬戌秋，先生子宗顺携先生《行实》至金陵，同门吴从本_标、王惟一_{汝贞}继至，始得按《行实》草创为《谱》。癸亥夏，携其稿过子安_静共参订之。己巳春，宗顺以《谱》事来会于永丰，遂并《语录》俱梓。"

聂静作《语录序》。其文曰："重刻《心斋王先生语录》者，静与董子兆时，重刻以传者也。刻《语录》何？先生不主言诠，或因问答，或寓简书，言句篇牍收之于流播，得之于十一者也。然词约而旨远，入圣之指南矣。先生既殁，斯《录》乃传。初刻于江浦，续刻于漳南。记忆稍讹，传写或谬，而读者疑焉。今年夏，先生仲子宗顺携先生《年谱》，过永丰而梓焉。又将《语录》三复雠校，正讹去谬，与《年谱》并刻，而是《录》为完书也。宗顺谓静游先生之门有年，可无言以记颠末？静惟先生之学独契于格物之旨，其所为教不患人不知学，患人不知格物以为学也。盖致知在格物，物格而后知至，《大学》揭圣学之全而云然者，中和位育之骏业，止至善之极功；孔子之集大成，而阳明王公之致吾良知者，其在兹乎，其在兹乎！何也？物有本末，而身为之本。天子、庶人皆本于修身，本乱而末治者否，此知本而知之至也，格物之谓也。是故道济天下，吾道至尊，待人而行；吾身至尊，故君子安身而动，身安而天下可保；大人者正己而物正，知所立本，知所达道也。故不知立本，则不知尊其身而遗本；不知达道，则不知尊其道而遗末，非圣学之全，孔子所为贤于尧舜者也。或曰立本以尊身，达道以尊道，何言乎格物？曰：身者，天也，万物之主也。反己修己正己利用而安其身，爱人敬人信人至保乎家国天下，则吾身主宰乎天地万物，而天地万物依乎己，运量乎天地万物，而不以吾身依乎天地万物，植本而不遗其末，知所先后也。曰：出必为帝者师，处必为天下万世师，微旨云何？曰：非好为人师也，格物之实际也，然非先生言之。孟子曰：'有大有为之君，必有所不召之臣。''有王者兴必来取法。'所以尊吾身也。孔子曰：'吾非斯人之徒与而谁与？''归与'之叹，狂狷之思，不得志而修身见于世，所以尊吾道也。夫身尊则道尊，道尊则身尊，孔子之学不厌、教不倦，九二之见龙在田，此其至矣。谓非格物之实际乎？故曰：物格而后知至，知至则掌握乎乾坤，包罗乎天地，俟百世而不惑，施之后世而无朝夕，学之为大成也，而《录》中备之矣。嗟乎！学者之读是录也，尚思先生之教，务格物以致吾之知乎！夫致知格物，孔孟殁而微言绝矣。非王公启其秘，先生发其要，而立心立命以开太平之圣，学将愈久而愈晦，而后之学圣人者，复何所观则乎？不有所观则而曰宇宙在我焉者，妄也。静不敏，闻言而未悟，习事而未察，师门之罪人也，何足以叙先生之录？乃宗顺委命至再，义不可辞，故摭拾所闻，以弁于录首。观是录者，其无以静之不学而略于先生之大成哉。是为序。"又《集》中附录编校姓氏。张峰两刻《遗录》。前尚有刻《粹语》之蔡国宾、管志道《语略》。即《粹语》。跋云："其言宏大简易，固自密切体认中来也。蔡子所指数条略备矣。"当为《遗录》最早之简本。附此备考。

淮南王氏三贤全书 清嘉庆刻。族人鉴坦跋云："先贤心斋公《遗集》，前明百余年间凡六刻，合一庵、东厓两公集，板藏后嗣，年久颇多残缺，遗书亦渐散失，爰怀数典而忘之惧。购遗板，考藏书，修补阙漏，谨完其旧。《二曲集》有云：'心斋先生言言透髓，字字切实，学人所当服膺。'则斯集也，岂独王氏所当宝而诵之者乎！"

同时泰州王沂中世丰重刻《遗集》，只刊荐疏、遗像、年谱、语录、尺牍，摘附东厓谱录，以见先生子侄论学之旨。沂中自跋。

道光间，三水族人重刻《王文贞公全集》五卷，系据族人以钲改编本，取便读者，谱系、传诔并从略。

袁承业本，据《三贤全书》排印，合原《集》及《疏传合编》为五卷。附一庵、东厓《集》各二卷，《东堨、东隅、东日、天真四先生残稿》一卷，《心斋先生弟子师承表》一卷。

心斋约言一卷 学海类编本　商务印书馆丛书集成本

见《四库全书存目·续通考·经籍三十四·提要》，称艮自述。

心斋要语一卷 明刊本，未见

郢都尤大治辑。分立本、用中、学乐、证学、愿学、学易六款。《续谱余》。

心斋先生疏传合编二卷 明刊本，未见。三贤全书本　袁承业排印本

先生曾孙元鼎辑。曾凤仪序略曰："国朝从祀者四人，乃白沙、阳明，洞契道体，人以为明道、象山之匹。先生固阳明高第弟子，而时时称引白沙，相与警策。继白沙、阳明而议从祀者，当以先生为最，此亦天下之公舆也。故当路诸君子谓宜祀者、谓宜谥者，疏凡十余上至馆课，为先生《传》者复十余篇，均之可为议从祀张本。先生曾孙元鼎虑其散逸不可复稽，遂备录之，以付诸梓。"张尚儒序略曰："先生起自布衣，没有年所，诸荐绅君子或伸于奏疏，达之彤庭；或勒于编摩，藏之石室，若有不能一日忘者，总之表章不遗余力。真见

先生之学，易简直截，人人可由以入道也。因道以知言，因言以知人，斯编也，谓先生之实录可也，谓诸荐绅之实录亦可也。"

心斋先生弟子师承表一卷　民元排印本

东台袁承业辑。自序略云："表分五传，传各有所据；间有据而未确者，即于传中注一附字以别焉。计得诸贤四百八十七人，可谓盛矣。上自师保公卿，中及疆吏司道牧令，下逮士庶樵陶农吏，几无辈无之。原注：据表中以进士为达官者三十六，以孝廉为官者十八，以贡士为官者二十三，以樵陶农吏为贤士入祀典者各一人，余以士庶入乡贤祠者不乏其人。然弟子中载入《明史》者二十余人，编入《明儒学案》者三十余人。考诸贤所出之地，几无省无之。原注：据表中江西得三十五人，安徽二十三人，福建九人，浙江十人，湖南七人，湖北十一人，山东七人，四川三人，北直、河南、陕西、广东各一人，江苏本省百数十人。先贤黄梨洲谓'阳明之学得心斋而风行天下'，于斯可证。斯表以师承为宗，当以师承风义攸关者提叙一二，以显其行，师承感应之道，先后勿替。若非心斋立本之旨，何得锱铢不爽如此？"

四 学侣考

先生二十有五而志学，二十有九而证悟，三十有八而求友。崛起海滨，卓然初无所承，迨进见阳明于豫章，复随往会稽，专车京师，历游广德、孝丰、金陵、京口诸地，所至讲学，归里后开门授徒，远近咸集，学侣始日以增益。阳明弟子遍天下，率都爵位有气势，先生以布衣抗其间，声名远出诸弟子上。且先生以反己为学，不执门户之见，与阳明异说者亦多乐与之近。李二曲《观感录》称："时大儒太宰湛公甘泉、祭酒吕公泾野、宗伯邹公东廓、欧公南野咸严重先生，而罗殿元洪先尤数造其庐。"耿天台撰先生《传》称，尝举《鲁论》就正语悟吕仲木，发《大学》止至善旨于邹谦之，晚作《大成学歌》进罗达夫，又作《勉仁方》以励同志。一时学者向往之迹，略可言也。

吕柟，字仲木，号泾野。陕之高陵人。师事薛思庵。所至讲学，衍河东之传，讲席与阳明中分，其盛一时，笃行自好之士多出其门。《明儒学案》述《师说》。先生曾会泾野及甘泉、东廓、南野聚讲金陵新泉书院。《年谱》。举《鲁论》就正语，当在其时。

湛若水，字元明，号甘泉。广东增城人。从学于白沙。与阳明分主教事，阳明宗旨致良知，甘泉宗旨随处体认天理。学者遂以王湛之学，各立门户。《明儒学案·甘泉传》。先生时在金陵作《天理良知说》，略谓"天理者，天然自有之理也；良知者，不虑而知、不学而能者也。惟其不虑而知、不学而能，所以为天然自有之理；惟其为天然自有之理，所以不虑而知、不学而能也。曰致、曰体认，知天理也，否则日用不知矣。学本无异，以人之所见者各自以异耳。既以己之所见者为是，又知人之所见者亦为是也，夫然后洞然无疑矣"，则为之调停于其间。

邹守益，字谦之，号东廓。江西安福人。宸濠反，从阳明建义。大礼议起，上疏忤旨，下诏狱，谪判广德。《明儒学案·东廓传》。履任，撤淫祠，建复初书院，延同门诸贤讲学兴礼，风动邻郡。孙奇逢《理学宗传》。先生膺聘与讲席，为作《复初说》。《年谱》。东廓之学得力于敬，《明儒学案》。阐发师门宗旨深切著明。《理学宗传》。梨洲谓阳明之殁，不失其传者，不得不以东廓为宗子。《明儒学案》。己亥，东廓简宫寮召为司经洗马，充经筵讲官。《理学宗传》。先生《答东廓书》云：

昔者尧、舜不得禹、皋陶为己忧，孔子不得颜、曾为己忧，其位分虽有上下之殊，然其为天地立心、为生民立命则一也。是故尧、舜、孔、曾相传授受者，此学而已。学既明，而天下有不治者哉？故《通书》曰："曷为天下善？曰：师。"师者立乎中，善乎同类者也。故师道立则善人多，善人多则朝廷正而天下治矣。非天下之至善，其孰能与于此？虽然，学者之患在好为人师。故孔子曰"我学不厌而教不倦"，则无斯患矣。是故"中人以上可以语上也，中人以下不可以语上也"。又曰"可与言而不与之言，不可与言而与之言"，皆归于自家不智。以此为学，只见自家不能，是以迁善改过，日入于精微也。不然则抱道自高，未免于怨天尤人，此所以为患也。世之知明德而不亲民者，固不足以与此，明德亲民而不止于至善者，亦不足以与此也。

王畿，字汝中，别号龙溪。浙之山阴人。阳明倡明理学，以致良知为宗，郡之士骇而不信。龙溪首往受业，《明儒学案·龙溪传》。阳明闻其言无底滞，大喜。《明史》。中嘉靖丙戌会试，时当国者不说学，与钱绪山皆不廷试而归。《明儒学案》。阳明征思、田，留龙溪与绪山主书院。已，奔阳明丧，持心丧三年。《明史》。壬辰，始廷对，累官南武选郎中，以大察去，益孳孳以讲学淑人为务。所至接引无倦色，自两都及吴、楚、闽、粤皆有讲舍，江、浙为尤盛，会常数百人。《理学宗传》。林下四十余年，无日不讲学。年八十，犹周流不倦。《明儒学案》。《明史》为龙溪及先生合传。谓先生门徒之盛，与龙溪相埒。阳明学派以龙溪及先生为得其宗，先生与龙溪均主超悟，见解颇多一致。龙溪释格云："格是天则，良知所本有，犹谓天然格式也。"《龙溪集·答聂双江》。先生答龙溪书则有曰："谚云：相识满天下，知心有几人。非先生而何？"又先生与林子仁书曰："始闻高中而居要地，诚有喜而不寐之意。又得龙溪先生诸友切磋，学日益明，此第一义也。"其相契如是。阳明嗣子孤弱，且内外忌毁交构，豪宗悍仆窥视为奸，危疑万状。《理学宗传·龙溪传》。先生与龙溪等竭力拥护，谋托孤于黄尚书绾，结婚定盟，先生终始保全，南北相距千余里，跋涉往来数年不倦。详《年谱》及《阳明年谱》。龙溪、东廓祭先生文曰："哲人云亡，斯文未丧。子有强力，毅然担当。萃我同盟，保孤恤嫠。嗟嗟师门，子为白眉。"《谱余》。扶危弭变，先生之力居多。

钱德洪，字洪甫，号绪山。浙之余姚人。阳明平濠归越，绪山与同邑范引年等数十人会于中天阁，同禀学焉。四方来学甚众，绪山与龙溪疏通其大旨而后卒业于阳明，一时称为教授师。《明儒学案·绪山传》。嘉靖壬辰成进士，累官刑部郎中。坐论郭勋死，下诏狱。久，斥为民。《明史》。在野三十年，无日不讲学。江、浙、宣、歙、楚、广名区奥地皆有讲舍。绪山与龙溪迭捧珠槃。然绪山之彻悟不如龙溪，龙溪之修持不如绪山，乃龙溪竟入于禅，而绪山不失儒者之矩矱。《明儒学案》。先生尝致书绪山论良知，谓"良知者，真实无妄之谓也，自能辨是非"。先生仲子东厓曾游绪山门。

欧阳德，字崇一，号南野。江西泰和人。之赣州从阳明学，不应会试者再。登嘉靖二年进士第，累官至礼部尚书，以宿学都显位。癸丑、甲寅间京师灵济宫之会，南野与为主盟，学徒云集至千人。《明儒学案·南野传》。学务实践，不尚空虚。《明史》。在金陵时，尝讲致良知，先生戏之曰："某近讲良知致。"南野因延先生，连榻数宵，以日用见在指点良知，甚是相契。《年谱》。保孤一役，阳明子正亿得南野至越商救。《与薛中离》。南野曾言以死保孤，故先生驰书谆托，豫谋万全，南野亦以委曲成之望先生。《与欧阳南野 附欧札》。其以道义相尚也如此。

罗洪先，字达夫，别号念庵。吉水人。十一岁读古文，慨然慕罗一峰之为人，即有志于圣学。嘉靖八年，举进士第一，授修撰，请告归。十八年，召拜春坊左赞善。《明儒学案·念庵传》。赴召道南都，两入城晤同志，与龙溪诸公质辨累日。至维扬趋安丰，《理学宗传》。造先生庐。先生病不能出，念庵就榻旁述近时悔恨处，且求教益。先生不答，但论立大本处，以为能立此身，便能位天地育万物，病痛自将消融。念庵谓："闻先生言'正己物正'，令人洒然有鼓舞处。"先生遂作《大成学歌》以赠念庵。《年谱》。

> 十年之前君病时，扶危相见为相知。十年之后我亦病，君期枉顾亦如之。始终感应如一日，与人为善谁同之。尧舜之为乃如此，刍荛询及复奚疑。我将大成学印证，随言随悟随时跻。只此心中便是圣，说此与人便是师。至易至简至快乐，至尊至贵至清奇。随大随小随我学，随时随处随人师。掌握乾坤大主宰，包罗天地真良知。自古英雄谁能此，开辟以来惟仲尼。仲尼之后微孟子，孟子之后又谁知。广居正路致知学，随语斯人随知觉。自此以往又如何？吾侪同乐同高歌。随得斯人继斯道，太平万世还多多。我说道心中和，原来个个都中和。我说道心中正，个个人心自中正。常将中正觉斯人，便是当时大成圣。自此以往又如

何？清风明月同高歌。同得斯人说斯道，大明
万世还多多。

念庵抵京，与其友唐荆川、赵浚谷交好，日相
期许以天下自任，中外称曰"三翰林"。《理学宗传》。
明年冬，与唐、赵疏请来岁朝正后，皇太子出御文
华殿，受朝贺。时帝数称疾不视朝，讳言储贰临朝
事，见疏，大怒曰："是料朕不起也。"手诏切责，
遂除三人名。归，益寻求阳明学，甘淡泊，炼寒
暑，跃马挽强，考图观史，自天文、地志、礼乐、
典章、河渠、边塞、战阵攻守，下逮阴阳、算数，
靡不精究。至人才、吏事、国计、民情，悉加意咨
访。曰："苟当其任，皆吾事也。"《明史》。毕志林
壑，四方士叩请日繁，教先默识，重躬行。凡初至
者，每先令静坐反观，俟稍有疑，然后随机引入。
终日忘言而精神流溢，真意融盎，饮其和者，自不
觉入之深也。《理学宗传》。其自任之重，感人之深，
有先生风焉。

王臣，字公弼，号瑶湖。南昌人。从阳明学。
嘉靖进士。《泾县志》。知泰州，构安定书院。闻先生
倡道安丰，礼延至州，主教事。时同志在宦途，或

以谏死，或谴逐远方，先生以为身且不保，何能为天地万物主？适瑶湖转官北上，因作《明哲保身论》以赠之。《年谱》。转浙江佥事。为阳明抚孤，不避嫌怨。《泾县志》。黄直祭先生文曰："时维先师，遗孤聪郎。兄与瑶湖，保孤念长。挟聪南行，乃去故乡。宗伯妇翁，卵翼是将。余亦往越，小舟夜行。晨抵会稽，邦侯回翔。我斋蔡君，亦会于航。保孤之举，盖曰否臧。余谓瑶湖，计岂谬狂？保孤大义，合自主张。"《谱余》。记共谋保孤事甚详。先生《与薛中离书》亦云："得瑶湖赞决李约斋之力，遂拔正亿出危离险。"

洪垣，字峻之，号觉山。徽之婺源人。嘉靖壬辰进士。以永康知县入为御史。执贽甘泉，调停王、湛二家之学。《明儒学案·觉山传》。嘉靖丙申访先生于安丰，论简易之道。觉山曰："仁者先难而后获，斯其旨何也？"先生曰："此是对樊迟语，若对颜渊，便谓'一日克己复礼，天下归仁'，却何等简易。"于是觉山请订《乡约》，令有司行之，乡俗为之一变。又为先生构东淘精舍数十楹，以居来学。《年谱》。

吴悌，字思诚，号疏山。金溪人。嘉靖十一年进士，征授御史，累迁至刑部侍郎。为阳明学，然清修果介，反躬自得为多。《明史》。丁酉春按淮扬，造先生庐，冬复会先生于泰州，疏荐先生于朝。《年谱》。

他如郭中州治尹孝丰乙酉聘先生开讲，刻诗学宫。万鹿园表、石玉溪简庚寅与先生聚讲鸡鸣寺，先生有《和鹿园诗》。林东峰大钦、沈石山谥、王卓峰惟贤甲午与先生会金山。黄洛村弘纲讲不欺，得先生之指悟。徐九皋以御史按部，感先生之请而慨然赈海滨之饥。又《尺牍》有《与薛中离侃书》二。均同门学友，先生所尝与游，按诸《遗集》可考者。

先生门徒之盛，与龙溪相埒。袁承业编《先生弟子师承表》，得诸贤四百八十七人。"披辑维艰，尚多缺漏。"袁编《全集》例言。《明史》称："艮传林春、徐樾，樾传颜钧，钧传罗汝芳、梁汝元，汝芳传杨起元、周汝登、蔡悉。"耿天台称："徐方伯子直承其学，传赵文肃；罗大参惟德承其学，传宫洗杨贞复。他如敖司成铣、张中丞元冲尊信其学者，未可殚述。"耿《传》。李二曲称："门人本府同知周良相、本州知州朱簦、刑部郎中董燧、给事中聂静、文选郎中林春等，无虑数十百人，咸承传其学，转相诏导，而布政徐子直、布衣颜山农尤最著；子直之后为内阁赵文肃，山农之后为参政罗近溪、何心隐；近溪之后为少宰杨复所，心隐之后为钱怀苏_{同文}、为程后台_{学颜}。"《观感录》。李卓吾_贽称："心斋之后为徐波石，为颜山农。山农以布衣讲学，雄视一代，而遭诬陷；波石以布政使，请兵督战，而死广南，风云龙虎各从其类，然哉！盖心斋真英雄，故其徒亦英雄也。波石之后为赵大洲，大洲之后为邓豁渠，山农之后为罗近溪、何心隐，心隐之后为钱怀苏、为程后台。"《焚书》卷二。顾亭林称："王门高第为泰州、龙溪二人。泰州之学一传而为颜山农，再传而为罗近溪、赵大洲；龙溪之学一传而为何心隐，再传而为李卓吾、陶石篑_{望龄}。"《日知录》卷十八。虽所记各殊，而授受之宏，流传之广，可见一斑。

先生及门弟子，据《年谱》所载，依其问学之先后，则有泰州林春、王栋、张淳、李珠、陈荳，扬州王俊，泰州宗部、朱轼、朱恕、殷三聘，永丰俞文德，贵溪徐樾、张士贤，道州周良相，泾县吴标、王汝贞，南昌程伊、程倰，缙云丁惟宁，东乡吴怡，乐安董燧，永丰聂静，婺源董高，丹徒朱锡，南昌喻人俊、喻人杰、罗楫，泰和张峰，会昌胡大徽，歙县程弘忠，天津陈应选，丹徒陈佐，泰州崔殷、梅月。据门弟子姓氏所载，则有宦游维扬四人，四方缙绅十八人，耆儒修士四十五人，纪遗七十一人。又据袁著《师承表》考补者六人。兹考录其及门与私淑之尤著者。其族弟一庵栋、仲子东厓襞，则别为专篇附述之，以见先生家学之大概焉。

林春，字子仁，号东城。泰州人。家贫，傭王氏为僮。王氏见其慧，使与子共学，刻苦自励。嘉靖壬辰，举会试第一，除户部主事，改吏部。《明儒学案·东城传》。缙绅士讲学京师者数十人，聪明解悟、善谈说者推龙溪，志行敦实惟东城及罗念庵。进文选郎中。卒官，年四十四。《明史》。卒之日得橐金四两，其清介如此。《配享列传》。东城师先生而友龙溪，始闻致良知之说，遂欲以躬践之。《明儒学案》。日以朱墨笔识臧否自考，动有绳检，尺寸不逾。《明史》。久之，乃悟曰："此治病于标者也，盍反其本乎？"其论学工夫绵密，不涉安排，不落睹闻，明道之行所无事、慈湖之不起意，庶几近之。先生之门，未之或先也。《明儒学案》。著有《东城文集》。《配享列传》。

徐樾，字子直，号波石。贵溪人。嘉靖十一年进士。《明儒学案·波石传》。历官云南左布政使。沅江土酋那鉴反，诈降，波石信之，抵其城下，死焉。诏赠光禄寺卿。《明史》。波石少与夏相才名相亚，得事阳明，继而卒业先生之门。波石操存过苦，常与先生步月下，刻刻简点。先生厉声曰："天地不交，否！"又一夕至小渠，先生跃过，顾谓波石曰："何多拟议也？"波石过渠，顿然若失，既而叹曰："从前孤负此翁，为某费却许多气力。"波石谓："六合也者，心之郛郭；四海也者，心之边际；万物也者，心之形色。往古来今，惟有此心，浩浩渊渊，不可得而穷测也。"《明儒学案》。又曰："孔孟之学，尧舜之治，举求诸心焉而已。知天下国家皆我也，是曰知心；知天地万物皆心也，是曰知学。尽心则万物备我，我者万物之体，万物者我之散殊。一物不得其所，则将谁委乎？曰我不能，则自欺其知；曰物难尽，则自离其体。非尽心之谓也。"《明儒学案·波石语录》。东厓称"波石为先生高第弟子，于先生之学得之最深"。徐《传》跋。所著有《日省仕学录》，未刊。《配享列传》。

朱恕，字光信。泰州草堰场人。樵薪养母。一日过先生讲堂，歌曰："离山十里，薪在家里。离山一里，薪在山里。"先生闻之，谓门弟子曰："小子听之，道病不求耳。求则不难，不求无易。"樵听先生语，浸浸有味。于是每樵必造阶下听之，饥则向都养乞浆，解裹饭以食，听毕则浩歌负薪而去。门弟子觊其然，转相惊异。有宗姓者，招而谓之曰："吾以数十金贷汝，别寻活计，庶免作苦，且可旦夕与吾辈游也。"樵得金，俯而思，继而大恚曰："子非爱我。我且憧憧然经营念起，断送一生矣。"遂掷还之。胡庐山_直为学使，召之不往；以事役之，短衣徒跣入见，庐山与之成礼而退。《明儒学案》。

韩贞，字以中，号乐吾。兴化人。以陶瓦为业。慕朱樵而从之学，后乃卒业于东厓。粗识文字。有茅屋三间，以之偿债，遂处窑中，自咏曰："三间茅屋归新主，一片烟霞是故人。"年逾三纪未娶，东厓弟子醵金为之完姻。久之，觉有所得，遂以化俗自任，随机指点农工商贾，从之游者千余。秋成农隙，则聚徒讲学，一村既毕，又之一村，前歌后答，弦诵之声，洋洋然也。县令闻而嘉之，遗米二石、金一锾，乐吾受米返金。令问故，对曰："侬窭人，无能补于左右。第凡与侬居者，幸无讼牒烦公府，此侬之所以报明府也。"耿天台行部泰州，大会心斋祠，偶及故相，喜怒失常。乐吾拊床叫曰："安能如侬识此些子意耶？"天台笑曰："穷居而意气有加，亦损也。"东厓曰："韩生识之，大行穷居，一视焉可也。"乐吾每遇会讲，有谭世事者，辄大噪曰："光阴有几，乃作此闲谈耶？"或寻章摘句，则大恚曰："舍却当下不理会，搬弄陈言，此岂学究讲肆耶？"在座为之警省。《明儒学案》。年七十有七，祠于乡。著有《乐吾诗集》行世。《配享列传》。

颜钧，字山农。吉安人。尝师事刘师泉邦采，无所得，乃从徐波石学，《心斋集》门弟子姓氏，内列钧名，又字子和，是山农亦尝及门。李二曲、李卓吾、顾亭林所述同。得泰州之传。其学以人心妙万物而不测者也。性如明珠，原无尘染，有何睹闻？著何戒惧？平时只是率性所行，纯任自然，便谓之道。及时有放逸，然后戒慎恐惧以修之。凡儒先见闻格式，皆足以障道。此大旨也。尝曰："吾门人与罗汝芳言从性，余子所言，只从情耳。"山农游侠，好急人之难。赵大洲赴贬所，山农偕之行，大洲感之次骨。波石战没沅江府，山农寻其骸骨归葬。颇欲有为于世，寄民胞物与之志。然世人见其张皇，无贤不肖皆恶之，以他事下南京狱，必欲杀之。近溪为之营救，不赴廷对者六年。谓周恭节讷溪先生怡曰："山农与相处，余三十年。心髓精微，决难诈饰。其学直接孔孟，俟诸后圣，断断不惑。门下虽知百近溪，不如今日一察山农子也。"山农以戌出，年八十余。《明儒学案·泰州序》引。

罗汝芳，字惟德，号近溪。江西南城人。嘉靖三十二年进士。知太湖县，擢刑部主事。出守宁国府，以讲会乡约为治。丁忧起复，江陵张居正问山中功课，曰："读《论语》《大学》，视昔差有进耳。"江陵默然。补东昌守。迁云南副使，悉修境内水利。迤西告急，近溪下教六宣慰使灭莽，分其地。莽人恐，乞降。转参政。万历五年，进表，讲学于广慧寺，朝士多从之者。江陵恶焉。给事中周良寅劾其事毕不行，潜住京师，遂勒令致仕。归与门人走安城，下剑江，趋两浙、金陵，往来闽、广，益张皇此学。所至弟子满座，而未尝以师席自居。十六年卒，年七十四。少时读薛文清语，闭关临田①寺，置水镜几上，对之默坐，使心与镜无二。久之，病心火。过僧寺，见有标急救心火者，访之，则聚而讲学。近溪从众中听良久，喜曰："此真能救我。"问之，为颜山农钧，得泰州之传，闻其言如大梦醒。明日五鼓，即往纳拜为弟子，尽受其学，病果愈。其后山农以事系留京狱，近溪尽鬻田产脱之。侍养于狱六年，不赴廷试。归田后，身已老，山农至，不离左右，一著一果，必亲进之。《明儒学案·近溪传》。著有《罗子全集》《仁孝仕学训》诸书行世。《配享列传》。黄梨洲谓："近溪之学，以赤子良心、不学不虑为的，以天地万物同体、彻形骸、忘物我为大。此理生生不息，不须把持，不须接续，当下浑沦顺适。工夫难得凑泊，即以不屑凑泊为工夫；胸次茫无畔岸，即以不依畔岸为胸次；解缆放船，顺风张棹，无之非学。学人不省，妄以澄然湛然为心之本体，沉滞胸膈，留恋景光，是为鬼窟活计，非天明也。论者谓龙溪笔胜舌，近溪舌胜笔。微谈剧论，所触若春行雷动，虽素不识学之人，能令其心地开明、道在眼前。一洗理学肤浅套

---

① "田"原作"野"，据《明儒学案》改。

括之气，当下便有受用，顾未有如近溪者也。"《明儒学案》。

杨起元，字贞复，号复所。广东归善人。万历丁丑进士，授编修，历官至吏部侍郎兼侍读学士，未上任而卒，年五十三。幼读书白门，遇建昌黎允儒谈学，霍然有省。允儒师近溪。近溪至，大喜，称弟子。时江陵不说学，以为此陷阱，不顾也。近溪既归，叹曰："吾师且老，今若不尽其传，终身之恨也。"因访从姑山房而卒业焉。尝谓邹南皋曰："师未语，予亦未尝置问，但觉会堂长幼毕集，融融鱼鱼，不啻如春风中也。"所至以学淑人，其大指谓："明德本体，人人所同，其气禀拘他不得，物欲蔽他不得，无工夫可做，只要自识之而已。"事近溪，出入必以其像供养，有事必告而后行。顾泾阳曰："罗近溪以颜山农为圣人，杨复所以罗近溪为圣人。"其感应之妙，锱铢不爽如此。《明儒学案·复所传》。著有《证学编》。同上附。

梁汝元，字夫山，其后改姓名为何心隐。吉州永丰人。少补诸生，从学于山农，与闻先生立本之旨。时吉州三四大老，方以学显，心隐恃其知见，辄狎侮之。谓《大学》先齐家，乃构萃和堂以合族。身理一族之政，冠婚丧祭赋役，一切通其有无，行之有成。会邑令有赋外之征，心隐贻书以诮之，令怒，诬之当道，下狱中。孝感程后台在胡总制幕府，檄江抚出之。总制得心隐，语人曰："斯人无所用，在左右能令人神王耳。"已同后台入京师，与罗近溪、耿天台游。一日遇江陵于僧舍。江陵时为司业，心隐率尔曰："公居太学，知《大学》道乎？"江陵为勿闻也者，目摄之曰："尔意时时欲飞，却飞不起也！"江陵去，心隐嗒然若丧，曰："夫夫也，异日必当国，当国必杀我。"心隐在京师，辟各①门会馆，招来四方之士，方技杂流，无不从之。是时政由严氏，忠臣坐死者相望，卒莫能动。有蓝道行者，以乩术幸上，心隐授以密计，侦知嵩有揭帖，乩神降语："今日当有一奸臣言事。"上方迟之，而嵩揭至，上由此疑嵩。御史邹应龙因论嵩败之。然上犹不忘嵩，寻死道行于狱。心隐踉跄，南过金陵，谒何司寇。司寇者，故为江抚，脱心隐于狱者也。然而严党遂为严氏仇心隐。心隐逸去，从此踪迹不常，所游半天下。江陵当

────────────

① "各"，原作"谷"，据《明儒学案》改。

国、御史傅应桢、刘台连疏攻之，皆吉安人也，江陵因仇吉安人。而心隐故尝以术去宰相，江陵不能无心动。心隐方在孝感聚徒讲学，遂令楚抚陈瑞捕之，未获，而瑞去。王之垣代之，卒致之。心隐曰："公安敢杀我？亦安能杀我？杀我者，张居正也。"遂死狱中。《明儒学案·泰州序》引。耿尚书天台为先生作传，尝自称私淑先生，《明儒学案》列天台入《泰州学案》。而又与近溪、心隐相友善。心隐之狱，唯天台与江陵厚善，且主杀心隐之李义河幼滋又天台之讲学友，斯时救之固不难。天台不敢沾手，恐以此犯江陵不说学之忌。《明儒学案·天台传》。李卓吾以心隐为圣人，顾宪成《小心斋札记》卷三。因为作《何心隐论》，有曰："吾又因是而益信谈道者之假也。彼其含怒称冤者，皆其未尝识面之夫；其坐视公之死，反从而下石者，则尽其聚徒讲学之人。然则匹夫无假，故不能掩其本心；谈道无真，故必欲划其出类。"《焚书》卷三。天台尝招卓吾于黄安，后渐恶之，《明史》。由是益与卓吾有隙。心隐之学不坠影响，有是理则实有此事。梨洲谓："泰州之后，传至颜山农、何心隐一派，非复名教所能羁络。"然又言："今之言诸公者，大概因当时爱书节略之，岂可为信?"《明儒学案·泰州序》引。则亦隐存回护之旨焉。

　　赵贞吉，字孟静，号大洲。蜀之内江人。生而神颖，六岁诵书，日尽数卷。嘉靖十一年进士，《明史》作"十四年"。选庶吉士，授编修。上惑方术，疏请敷求真儒，不报。迁右春坊右中允，管司业事。二十九年，京师戒严，嫚书要贡，集百官议阙下，日中莫发一论者。大洲出班大言曰："城下之盟，《春秋》耻之。"华亭徐阶问何奇画。曰："为今之计，上下诏引咎，录周尚文之功以励边帅，释沈束之狱以开言路，轻损军之令，重赏功之格，饬文武百官为城守，谕诸将监督力战，他无可为画者。"上即升大洲左春坊左谕德，兼河南道监察御史，给赏功银五万两，令随宜区处，宣谕将士。廷议罢，大洲盛气谒相嵩，嵩辞不见。大洲怒叱门者。会通政赵文华入，顾谓大洲曰："公休矣，天下事当徐议之。"大洲愈怒，骂曰："汝权门犬，何知天下事！"嵩闻大恨，欲败其事，故不与督战事权，亦不与一护卒。大洲单骑出城，致银总兵仇鸾所，历诸营传谕而返。明日复命，《明儒学案·大洲传》。上大怒，谓漫无区画，徒为尚文、束游说，下诏狱，杖于廷。谪荔波浦典史。稍迁徽州通判，进南京吏部主事。四十年，迁至户部右侍郎，《明史》。又以忤嵩罢。《明儒学案》。隆庆初，起礼部左侍郎，掌詹事府，充日讲官。年逾六十而议论侃直，上深注意焉，迁南京礼部尚书。三年秋，兼文渊阁大学士参预机务。《明史》。在阁与高文襄拱议不合，诏驰驿归。杜门撰述，拟作《二通》，以括古今之书。万历四年卒，《明史》作"十年"。年六十九。赠少保，谥文肃。梨洲谓大洲之学，李贽谓其得之徐波石。其论中也曰："世儒解中者，不偏不倚，无过不及之名，而不知言中为何物。岂有三圣心传，不指其体而仅言其效乎？""波石之论中也，亦曰：'伊川有堂之中为中，国之中为中，若中可拟而明也，《易》不当曰"神无方而易无体"矣。'故知大洲有所授受也。"《明儒学案》。

右既略述泰州学派下之著者竟，更摘录近人梁任公读《泰州学案》语以殿吾篇：

日本自幕府之末叶，王学始大盛。其著者曰太平中斋，曰吉田松阴，曰西乡南洲，曰江藤新平，皆为维新史上震天撼地人物。其心得及其行事，与泰州学派盖甚相近矣。井上哲次郎著一书曰《日本阳明派之哲学》，其结论云："王学入日本则成为一日本之王学，成活泼之事迹，留赫奕之痕迹，优于支那派远甚。"嘻！此殆未见吾泰州之学风云尔。抑泰州之学，其初起气魄虽大，然终不能敌一般舆论，以致其传不能永，则所谓活泼赫奕者，其让日本专美亦宜。接其传而起其衰，则后学之责也。《节本明儒学案》。

五　一庵学述

　　心斋先生弟子，一庵与东厓及门最久，阐著益大。《心斋集·配享列传》。而一庵为心斋族弟，躬行实践，得家学之传，里中至称一庵及阳明、心斋为"越中淮南生三王夫子"。《一庵遗集·年谱》。心斋殁后，东厓继父讲席，望日隆，与心斋、一庵并号"淮南王氏三贤"。然东厓师龙溪久，其论学间出龙溪之授受，见《东厓学述》。故语心斋之家学，或以一庵所得为尤纯也。

　　一庵先生，讳栋，字隆吉。与心斋同始迁祖伯寿。伯寿生子三。孟国祥，心斋其裔也。仲国瑞，析居泰州之姜堰镇，遂世为姜堰镇人，五传至一庵。一庵父瓒，号柏林，以医鸣。一庵幼习举业。

年十一，瘟疫流行，奉父命，备药材施救村镇，行至沙村，遇马噬啮，几为所伤，乃卒业儒。嘉靖五年丙戌，一庵二十四岁，补泰庠，食廪饩。自谓举业虽出身阶梯，心学实孔、曾正脉。遂师事州守王瑶湖臣，嗣与林东城共师心斋，亲炙心斋之教凡十有五年。戊午，一庵年五十六，由岁贡授江西建昌南城县训导，台使聘主白鹿洞会，又主南昌正学书院会，复创太平乡等处集布衣为会，人多兴起。癸亥，以内艰去官。丙寅，起补山东泰安州学，未几，迁江西南丰教谕。丰接壤南城，复会旧友，四方信从益众。隆庆戊辰，创水东会，建义仓，著《会学十规》及《一庵会语》。辛未，迁深州学正，历三任，所积俸金寄归置田，与弟方塘共焉。壬申，致仕归里，时年已七十矣。开门授徒，远近风动。创归裁草堂。著《会语续集》。创族谱，立宗祠，置祭田，定祀典。万历四年丙子，州守萧抑堂景训聘主会泰州安定书院，佐抑堂构吴陵精舍，即崇儒祠，以祀心斋。九年辛巳正月卒，年七十有九。配享心斋祠祀乡贤。据《一庵遗集·年谱》《三水王氏家乘》。

一庵之学，"其大端有二：一则禀师门格物之旨而洗发之。言'格物乃所以致知，平居未与物接，只自安正其身，便是格其物之本。格其物之本，便即是未应时之良知。至于事至物来，推吾身之知①而顺事恕施，便是格其物之末。格其物之末，便即是既应时之良知'。故致知格物，不可分拆②。一则不以意为心之所发。谓'自身之主宰而言谓之心，自心之主宰而言谓之意。心则虚灵而善应，意有定向而中涵。自心虚灵之中，确然有主者，名之曰意耳'"。《明儒学案·一庵传》。

一庵说致知谓"良知无时而昧，不必加知，即明德无时而昏，不必加明也。《大学》所谓在明明德，只是要人明识此体，非括去其昏，如后人磨镜之喻。故学者之于良知，亦只要认识此体端的便了，不消更着致字"。"盖明翁所指之良知，乃是大人不失赤子之知，明德浑全之体，无容加致者也。谓致知则可，谓致良知则不可。""致者，至也。致良知者，谓致极吾心之知，俾不欠其本初纯粹之体，非于良知上复加致也。然学者中往往不识致字

---

① "知"，《明儒学案》作"矩"。
② "拆"，《明儒学案》作"析"。

之义，靡所依凭，虚空冒认良知，以为简易超脱，直指知觉，凡情为性，混入告子、释氏而不自知，则又不言致字误之故。""若中人以下，一时未能洞识真体，则其方寸之中，恍惚疑似，虽有知觉，而气质习染、见闻情识皆能混之，必有格物工夫，体认默识，方是知至，方是真正良知。此则《大学》能为学者立法，而心斋复主格物之本旨。""良知直指性命之机缄，格物又为学术之把柄。""舍格物而言致知，非天分极高，原无气质之累者，鲜不谬也。"引语均见《会语》，下同。越中提出良知要旨，教人体识；淮南指出格物把柄，教人下手；一庵于是乃合而一之。《年谱》。

原夫心斋所言格物，其工夫本在反己。一庵既以"格物为致知工夫，作两件拆开不得"，则絜度于心，孰本孰末，机要得矣。于是一心修己立本，更不尤人责人，专零零碎碎于事物上作商量。其言曰：

> 格物之学，究竟只是反身工夫。篇中藏恕、絜矩、好恶等言无非此理，孔门传授无非此学。故知此弟友自责自修，圣如夫子，未尝

废此学也。颜子以克己成不校之能，曾子以忠
恕阐一贯之蕴，子思以致曲造有诚之化，孟子
以三反究强恕之功，皆未有不由此学而终身者
也。孟子没，而此学湮矣。

谓心斋明格物之学，为能独接夫子之传也。

心斋以格物为知本，诚意、正心、修身为立
本。一庵更推阐其说，曰：

> 物格知至，方才知本在我，本犹未立也。
> 故学者既知吾身是本，却须执定这立本主意，
> 而真真实实反求诸身，强恕行仁，自修自尽，
> 如此诚意做去，方是立得这本。若只口说知本
> 在我，而于独知之处，尚有些须姑息自诿、尤
> 人责人意念，便是虚假，便是自欺。自欺于
> 中，必形于外，安得慊足于己而取信于人乎？
> 故"诚意"二字，正悟入切实下手立本工夫，
> 方得心正身修，本可立而末可从也。

> 意是心之主。立本之意既诚，则心有主，
> 故不妄动，而本可立、身可修。若自家不曾诚
> 意立本，而望施之于人，侥幸感应，皆是妄

想，皆是邪心，皆是中无所主、憧憧往来病痛。故意诚而后心正，非于诚意后复加一段正心工夫。按：《心斋遗录》有云正心、诚意、致知各有工夫，一庵以为此恐传之失真。

其言立本之道，归重于诚意。而所论诚意之旨，尤发前圣所未发。《年谱》。谓意者自心之主宰而言，自言不以意为心之所发，虽自家体验见得如此，然颇自信心同理同，可以质诸千古而不惑也。

一庵所以以意为心之主者，以"人心所以能应万变而不失者，只缘立得这主宰于心上，自能不虑而知。不然孰主张是？孰纲维是？圣狂之所以分，只争这主宰诚不诚耳。若以意为心之发动，情念一动，便属流行。而曰及其乍动未显之初，用功防慎，则恐恍忽之际，物化神驰，虽有敏者莫措其手"。盖"人心之灵，原无不①发之时，当其发也，必有寂然不动者以为之主"。李梴记《诚意问答》。刘蕺山曰："人心径寸耳，而空中四达，有太虚之象。虚故生灵，灵生觉，觉有主，是曰意。"与一庵所

---

① "不"字，据《明儒学案》补。

论若合符节。《明儒学案·一庵传》。蕺山之学以慎独为宗，于阳明之说多所匡益。一庵释"慎独"曰：

> 诚意工夫在慎独，独即意之别名，慎则诚之用力者耳。意是心之主宰，以其寂然不动之处，单单有个不虑而知之灵体，自做主张，自裁自①化，故举而名之曰独。少间挽②以见闻才识之能、情感利害之便，则是有所商量倚靠，不得谓之独矣。世云独知，此中固是离知不得。然谓此个独处自然有知则可，谓独我自知而人不及知，则独字虚而知字实，恐非圣贤立言之精义也。知诚意之为慎独，则知用力于动念之后者③悉无及矣。故独在《中庸》谓之不睹不闻，慎在《中庸》谓之戒慎恐惧。故④慎本严敬而不懈怠之谓，非察私而防欲者也。

以诚意为慎独，则以慎独发明其诚意之旨。

---

① "自"，《明儒学案》作"生"。
② "挽"字，据《明儒学案》补。
③ "者"字，据《王一庵先生遗集》补。
④ "故"字，据《王一庵先生遗集》补。

一庵谓："诚意则心有主，而前辈则多言敬则中心有主，主敬与主诚当有辨。"一庵曰："诚与敬俱是虚字。吾非谓诚能有主，谓诚①此修身立本之意，则有主也。诚字虚，意字实，譬如方士说丹，意是铅汞丹头，诚则所谓文武火候而已。又通考之，北宫黝之有主，是主必胜；孟施舍之有主，是主无惧；曾子闻大勇于夫子，是主自反而缩；孟子之异于告子，是主行慊于心。皆必有一件物事主宰于中，乃有把柄。今只泛言敬则中心有主，不知主个甚么？将以为主个敬字，毕竟悬空，无所附着，何以应万变而不动心乎？吾辈今日格物之学，分明是主修身立本。诚意是所以立之之功，不说敬，而敬在其中。盖自其真实不妄之谓诚，自其戒慎不怠之谓敬，诚则敬，敬则诚，其功一也。主于中必有事。"一庵又曰："象山谓：'在人情事变上用功，正孟子"必有事焉"之意。'必有事焉，非谓必以集义为事，言吾人无一时一处而非事，则亦无一时一处而非心；无一时一处而非心，则亦无一时一处而非学。故凡日用动静云为，一切人情事变，孰非

---

① "诚"字，据《明儒学案》补。

吾心性中所有之事？孰非职分内当为之事？故谓之'必有事焉'。犹言须臾离事不得，件件随知顺应而不失其宜，是则所谓集义者也。故孟子以后，能切实用功，而不涉于虚想虚见、虚坐虚谈者，无如象山。"其言颇足以破沿门乞火与夫合眼见暗之惑。

一庵推崇象山，则"宇宙内事，皆己分内事"，故云："孔子言'吾十有五而志于学'，始学之要，莫切于此。吾人直当持此'志学'二字，为今日第一步工夫，志不定者须责志，学不明者须辨学。"所谓"志学"，则亦心斋所云"志孔子之志，学孔子之学"也。志与意不相远，意略在前，主意立而后志趋定。"定而后能静"，"定"字本应"意诚"。注云"志有定向"，亦是说主宰定也。知志学，则知与天地间人俱立俱达。卓然自拔之谓立，行无不得之谓达。人生天地间，堂堂此身，完完此性，乃为世情物欲辗转浮沉，而不能卓然自拔于流俗之表，用之家邦，而行有不得，当如天地赋予，何哉？知志学则须是勇往担当，无歇手处，方是健行刚立。孔门弟子，颜、曾最著，皆自刚健得之，其言曰"有为者亦若是""士不可以不弘毅，任重而道远"，何其勇也！学者千病百痛，皆从"柔"之一字失，故《中庸》语达德必资乎勇，孔子曰"吾未见刚者"，大哉刚乎！

或谓一庵教人只反身、乐学两件工夫为要旨。一庵曰："此亦只是一事。事事反身以自诚，则障碍不生，而真乐在我，所谓'学便然后乐'也。时时寻乐以为学，则天机不滞，而反己益精，所谓'乐便然后学'也。故孟子曰：'反身而诚，乐莫大焉。'又曰：'乐则生矣，生则恶可已。'故曰一也。二之则不是。""孔子励发愤忘食之志，只是做乐以忘忧底工夫。其自叙终身好学之至，亦惟于此一乐而已。"其综贯心斋格物与学乐之旨，可谓深切著明。兹再录其反身乐学之要语于次：

> 先师以"安身"释"止至善"，谓"天下国家之本在身，必知止吾身于至善之地，然后身安而天下国家可保"。故止至善者，安其身之谓也。欲安其身，则不得不自正其身。其身有未正，又不容不反求诸身。能反身则身无不正，身无不正则处无不安，而至善在我矣。古今有志于明德、亲民，而出处失道、身且不保者，不明止至善之学故也。

先师之学，主于格物，故其言曰："格物是止至善工夫。""格"字不单训"正"，"格"如格式，有比则推度之义，物之所取正者也。"物"即"物有本末"之物，谓吾身与天下国家之人。"格物"云者，以身为格，而格度天下国家之人，则所以处之之道，反诸吾身而自足矣。

"万物皆备于我"，旧谓"万物之理皆备我心"，则孟子当时何不说"万理皆备于心"？孟子语意犹云视天下无一物非我，总只是万物一体之意，即所谓仁备于我者，备于我身之谓也，故下文即说"反身而诚"。其云"强恕而行"，正是反身之学，由强而至于诚，都是真知，万物皆备我身，而以一身体万物也。

孔门教弟子不啻千言万语，而记《论语》者首曰："学而时习之，不亦说乎？"是夫子教人第一义也。盖人之心体本自悦乐，本自无愠，惟不学则或憧憧而虑，营营而求，忽忽而恐，戚戚而忧，而其悦乐不愠之体遂埋没矣。故时时学习，则时时复其本体，而亦时时喜悦。一时不习，则一时不悦，一时不悦，则便是一时不习。可见圣门学习，只是此悦而已。由是为人信与而得志行道，则此悦发而为乐；不为人信与而不得志不行其道，则此悦不改为愠。悦即乐之来而几微忻忻以向荣者也，不愠即乐之守而坚固安安以自得者也。学不离乐，孔门第一宗旨，信而悟之，思过半矣。

黄梨洲谓："泰州、龙溪时时不满其师说，益启瞿昙之秘而归之师，盖跻阳明而为禅。"《明儒学案·泰州序》引。一庵于儒释之辨，不讳其所以同，亦不得不揭其所以异。其言曰：

今之讲学者，不入于老则入于佛，不入于佛则入于告子。不思《论语》《孟子》之书，乃孔、孟当时讲学语录，反复印证，无非人情事变切实工夫。今何必求高于《论语》《孟子》之说？求高于《论语》《孟子》，乃适混一于异端诸家。推原其故，盖始于认《大学》"诚意"为心之所发，是不免于发后求诚，而去欲防私之弊所由以起。此高明之士所以鄙之，而跳入于老、佛场中，亦无怪其然也。

《大学》"诚意"本说心之主宰，主宰一定，自无邪思物欲可干，此先天易简之真机，不俟去而欲自不侵，不待防而私自不起者。老、佛之超脱，只缘窃得此机栝耳。不究其因，反以吾儒之学不如彼之直截超脱，而往往借用其说补足吾儒教法之全，不亦惑之甚哉！

或曰："佛言明心见性，道家言修心炼性，而吾儒亦曰存心养性，三教俱是在心性上用功，但作用不同耳。"曰："不然。二氏初未识心性本然分量，原是万物皆备，原能参赞位育，而妄以清虚寂静观心性，却只见得心性中之一隅。吾儒非但漫然存养而已，然必曰'尽其心者，知其性也'，不尽其心，可谓知性乎？必曰'唯天下至诚，为能尽其性'，不尽其性，可谓至诚乎？二'尽'字当玩味。'尽'是尽其原初天赋于人本然分量，所谓万物皆备而参赞位育者也。吾儒所以必主经世为功业者，亦其心体性分所当然故耳。"

此可以明心斋学之非禅矣。

一庵著述《会语正续集》外，尚有《易说》

《祠堂记事》等书，《年谱》。其裔孙辑为《一庵遗集》，凡二卷。清廷采入《四库全书存目》，惜卷下残损过半，《重修三贤全集跋》。据目知诗歌、杂文、行略、墓铭及门弟子姓氏均阙。又有《诚意问答》，未入《遗集》。门人李梴记，见《明儒学案》，他则无可考云。

六　东厓学述

心斋先生病危，诸子泣请后事。心斋顾仲子东厓曰："汝知学，吾复何忧?"复顾诸季曰："汝有兄知此学，吾何虑? 惟尔曹善事之。"《心斋年谱》。焦澹园竑曰："国朝理学开于阳明先生，从游者几遍天下，至以学世其家者，独有两人，心斋、萝石董沄是已。心斋子五人，东厓为其仲，学尤邃。今东南人传王氏之书，家有安丰之学，非东厓羽翼而充拓之，何以至此?"《东厓集序》。耿天台曰："心斋无东厓，不能成其圣。"王元鼎撰《东厓行状》。东厓诚心斋之肖子哉!

东厓先生讳襞，字宗顺，晚号天南逸叟。生正德六年，即心斋悟道之岁。人异其不偶。《行状》。九龄，随父之阳明所，士大夫会者千人。阳明命童子歌，多嗫嚅不能应，东厓意气恬如，歌声若金石。阳明召视之，知为心斋子，诧曰："吾固知越中无此儿也。"是时龙溪、绪山、玉芝皆在阳明左右，命悉师事之。逾十年归娶，已之越，复留者八年。阳明卒于师，心斋授徒淮南，东厓相之，覃思讲论。心斋殁，东厓望日隆，四方聘以主教者沓至。罗近溪守宛则迎之，蔡春台国熙守苏则迎之，李文定春芳迎之兴化，宋中丞仪望迎之吉安，李计部皋华迎之真州，董郡丞燧迎之建宁，殆难悉数。归则随村落大小扁舟往来，歌声与林樾相激发，闻者以为舞雩之风复出。严取予，敦孝弟，联宗族，行谊毛发必谨。中丞凌海楼儒疏荐于朝，按《年谱》，隆庆丁卯七月，昭阳太师李公石麓荐隐逸于朝，力辞。部拟擢用，东厓坚卧自如。临终，屏妇女毋使近，谕门人子弟亲贤讲学，语不及私。焦竑撰《墓志铭》。万历十五年十月卒，年七十七。配享心斋祠祀乡贤。

黄梨洲曰："东厓之学以不犯手为妙。鸟啼花落，山峙川流，饥食渴饮，夏葛冬裘，至道无余蕴矣。充拓得开，则天地变化，草木蕃；充拓不去，则天地闭，贤人隐。今人才提学字，便起几层意思，将议论讲说之间，规矩戒严之际，工焉而心日劳，勤焉而动日拙，忍欲希名而夸好善，持念藏秽①而谓改过，心神震动，血气靡宁，不知原无一物，原自见成。但不碍其流行之体，真乐自见，学者所以全其乐也，不乐则非学矣。此虽本于心斋乐学之歌，而龙溪之授受，亦不可诬也。"《明儒学案·东厓传》。又曰："白沙云：'色色信他本来，何用尔脚劳手攘？舞雩三三两两，正在勿忘勿助之间。曾点些儿活计，被孟子打并出来，便都是鸢飞鱼跃。若无孟子工夫，骤而语之以曾点见趣，一似说梦。'细详东厓之学，未免犹在光景作活计。"同上。与刘蕺山辨心斋、龙溪学，谓"龙溪直把良知作佛性看，悬空期个悟，终成玩弄光景"，《明儒学案》述《师说》。同一旨趣。而笃信龙溪之李卓吾，则言："心斋之子东厓，贽之师。东厓之学实②出自庭训，然心斋先生在日，亲遣之事龙溪于越东，与龙溪之友月泉老衲矣，所得更深邃也。东厓幼时，亲见阳明。"李贽《续藏书》。以东厓得事龙溪为所得更深邃，

①　"秽"，《明儒学案·东厓传》作"机"，《明儒学案·东厓语录》作"秽"。
②　"实"，《续藏书》作"虽"，《续焚书》作"实"。

其轩轾颇不同。然要之东厓之学，实兼受心斋、龙溪之影响。罗近溪曰："东厓迹若潜龙，而见龙之体已具。"《行状》。焦澹园曰："其密也蠖屈，其动也龙变。身不离潜，其用则见。"焦《铭》。心斋以见龙为正位，东厓殆处夫潜、见之间乎？

东厓述心斋之学，以为其中也，工夫易简，不犯做手，而乐夫天然率性之妙，当处受用。东厓固以不犯手为妙者，于率性之道多有阐发。其言曰："从古以来只有一个学字不明，必待于外而循习焉，则劳且苦矣。宁知性本具足，率性而众善出焉，天命之也。率天命之性，即是道。故圣者知天之学也，志此曰志道，学此曰学道。"《语录》。又曰：

> 吾人至灵之性，乃天之明命，於穆不已之体也，故曰"天命之谓性"。是性也，刚健中正，纯粹至精者也。率由是性，而自然流行之妙，万感万应，适当夫中节之神，故曰"率性之谓道"。此圣人与百姓日用同然之体，而圣人者永不违其真焉者耳。而颜子者，则亦三月不违者也。若百姓，则不自知其日用之本真而护持之，一动于欲，一滞于情，遂移其真而滋

其蔽，而有不胜之患矣。圣人者悯之，而启之修道焉，去其蔽，复其真，学利困勉之，不一其功，亦惟求以率夫天命之性而归之真焉而已矣。此修道之所以为教也，故曰"修道之谓教"。率之云者，本不假纤毫人力于其间，故曰"诚者，天之道也"。即邵子所谓若问先天一字无。修之云者，因其体之失真，反之，亦将以求至人力之不烦，而丝毫不设于造作，故曰"诚之者，人之道也"。即邵子所谓后天方要着功夫。天然而见成者，故曰天。由人而反复乎天者，故曰人。天人有二乎哉？此《中庸》因人品而设教之旨也。《率性修道说》。

所谓修道在率性以归之真而已。

耿天台尝晤东厓，迎谓曰："众多君解了，于道有得，君自谓若何？"东厓曰："道者，六通四辟之途也。借谓我有之，将探取焉，而又曰我能得之，则已离矣。"耿大赏其言。焦《铭》。耿后云："我尝叩其由入兮，惟反身而默识。"耿祭东厓文。反身默识，即所谓诚之之道，而丝毫不设于造作者。"人人本有，不假外求，故曰易简。非言语之能述，非思虑之能及，故曰默识。本自见成在我，何须担荷？本无远不至，何须充拓？会此，言下便即了了。"《上周合川书》。"良知即乾之体，刚健中正，纯粹至精，本无声臭，掺搭些子不上，亘①万古无有或变者也，不容人分毫作见加意其间。才有纤毫作见与些子力于其间，便非天道，便有窒碍处。故愈平常则愈本色，省力处便是得力处也。"《寄庐山胡侍御》。

　　东厓又云："仁者，爱物之诚自有不容已者，要在默而识之，不言而信。所谓灵明一默，正指良知一脉之传。实致其良知于日用间，以求自慊，何乐如之？"《答陈文溪》。龙溪谓："千古圣学，只从一念灵明，识取当下。保此一念灵明，便是学；以此触发感通，便是教。"《龙溪集·水西别言》。以"灵明一默为良知一脉之传，故绝去支离掇拾之繁、影响形迹之似，而一切归本于心。着衣吃饭，此心之妙用也；亲亲长长，此心之妙用也；平章百姓而协和万邦，此心之妙用也；舜事亲而孔曲当，亦此心之妙用也。溥博渊泉，而时出之者也。若将迎，若意

────────────

　　①　"亘"，《明儒王东厓先生遗集》作"更"。

必，若检点，若安排，皆出于用智之私，而非率夫天命之性之学也。觉其失而返之，此修道之教也。故圣人之心，常虚，常静，常无事，随感而应，而应自神也。是以常休休也，坦乎其荡荡也，纵横而展舒自由，脱洒而优游自在也，直下便是，岂待旁求？一彻便了，何容拟议？"《上敬庵许司马书》。"人无二心，故无二妙用，得此，岂容一毫人力与于其间？其以不及舜、孔之妙用者，特心不空而存见以障之耳。故以有滞之心，乌足以窥圣人圆神之妙？不务彻其心之障，而徒以圣人圆神之效，毕竭精神，恐其不似也，是有影响之似之说。"《语录》。"惜乎古今人人有至近至乐之事于其身，而皆不知反躬以自求也。"同上。

夫乐者，心之体也。杨太岳希淳曾纪东厓之论乐体。曰：

　　有问："学何以乎？"曰："乐。"再问之，则曰："乐者，心之本体也。有不乐焉，非心之初也。吾求以复其初而已矣。""然则必如何而后乐乎？"曰："本体未尝不乐。今日必如何而后能，是欲有加于本体之外也。""然则遂无事于学乎?"曰:"何为其然也?莫非学也,而皆所以求此乐也。乐者,乐此学;学者,学此乐。吾先子盖尝言之也。""如是则乐亦有辨乎?"曰:"有。有所倚而后乐者,乐以人者也。一失其所倚,则慊然若不足也。无所倚而自乐者,乐以天者也。舒惨欣戚,荣悴得丧,无适而不可也。""既无所倚,则乐者果何物乎?道乎?心乎?"曰:"无物故乐,有物则否矣。且乐即道也,乐即心也,而曰所乐者道,所乐者心,是床上之床也。""学止于此而已乎?"曰:"昔孔子之称颜回,但曰'不改其乐',而其自名也,亦曰'乐在其中',其所以喟然而与点者,亦以此也。二程夫子之闻学于茂叔也,于此盖终身焉,而岂复有所加也?"曰:"孔、颜之乐未易识也,吾欲始之以忧而终之以乐,可乎?"曰:"孔、颜之乐,愚夫愚妇之所同然也,何以曰未易识也?且乐者,心之体也,忧者,心之障也,欲识其乐而先之以忧,是欲全其体而故障之也。""然则何以曰'忧道'?何以'君子有终身之忧'乎?"曰:"所谓忧者,非如世之胶胶然役役然以外物为戚戚者也，所忧者道也。其忧道者，忧其不得乎此乐也。舜自耕稼陶渔以至为帝，无往不乐，而吾独否焉？是故君子终身忧之也，是其忧也，乃所以为乐，其乐也，则自无庸于忧耳。"《东厓集·赠别诗引》。

顾东厓虽学尚自然，而工夫则要在吃紧所谓当处受用也。"人生只有此一事，千古只有这一件。舍此一事，皆闲勾当；离此一件，总是糊涂。安忍将有限光阴却付闲勾当去，无穷明妙乃坐糊涂相也？是以随在颇有受用，更不能蹉跎，令工夫有起作有迁改也。"《答陆三塘》。"人之生也，天地以覆载，万物以供拥，冬而帛而不知其寒，夏而葛而不知其暑，粒为饱而室为居，既安以嬉，又鼾以寝，使不知其所以为人，则亦负所生也已矣。"《语录》。

且见龙之体已具之谓何？圣学只在正己做工夫，工夫只在致中和。舍本而末上致力，如之何其能位育而止至善？"其功归于格物，一正莫不正者也。"《语录》。"家、国、天下之弗应以齐、治、平者，特未反于身而修焉耳。"同上。故曰："天地以大其量，山岳以耸其志，冰霜以严其操，春阳以和其气，此吾人进道之法象也。"同上。

刘蕺山云："王门惟心斋氏盛传其说，从不学不虑之旨，转而标之曰'自然'、曰'学乐'，末流衍蔓，浸为小人之无忌惮。"《明儒学案》述《师说》。陆稼书乃至谓"自阳明倡为良知之说，以禅之实，托儒之名。龙溪、心斋、近溪、海门之徒从而衍之，其弊至于荡轶礼法，蔑视伦常，百病交作"。陆陇其《三鱼堂全集·学术辨》。东厓以自然、学乐为宗，而观其行谊毛发必谨，则亦去所谓怠于明伦察物而求逸获王夫之《张子正蒙注》语。者滋远矣。

东厓幼精音律，阳明曾赠以玉琴。易箦时，犹命门人雅歌取乐。《年谱》。长擅吟咏，每行四方会学，触处赋诗，亦不拘格。《行状》。门人林讷、侄孙元鼎辑刊之《东厓遗集》二卷中，"语略"而外，存有古近体诗约二百首，尤妙。善讲论，春风和气，沿海之乡顾化，而善良者彬彬成俗。耿天台督学南畿，嘉靖乙丑，延与金陵之会，一时闻风兴起者甚众。杨太岳谓："东厓过陪都，随以指授，都人士云蒸雷动，如寄得归。乃至耆老为之太息，髫齿为之忻愉，贵介为之动容，厮台为之色喜，上根为之首肯，初机为之心开。一二卓然朗悟可俟将来者，其关钥皆自东厓启也。"《行状》。

耿天台因东厓得私淑心斋，其徒白下李士龙登、杨道南希淳、吴伯恒、焦弱侯竑俱与莫逆。耿撰《心斋传》。东厓所与游，皆当世贤豪长者，焦《铭》。而节操则宛然心斋家法。客建宁时，董蓉山燧署府事，有指挥官当问革职，东厓念其先人勋业，嘱董曲全。其人密贿千金以报，东厓厉色却之曰："予为利来耶？"因自矢曰："山人山居，不欲以垢名玷山场而遗笑山灵也！"其介然自守类如此。《行状》。

东厓克承先业，讲学东淘，后进者倾诚悦服。即心斋群弟子，无不事东厓若心斋也。《行状》。门人中最著者为兴化韩贞，已详心斋学侣考，次则福建林讷。

讷字公敏，莆田人。卜贾淮南，占者曰："此去平平，乃有奇遇。"事韩以中，肆陶业，食贫，有韩氏风。嘉靖甲寅，倭寇闽，举家就烬，无所归。卒业于东厓。讲学海甸，老而忘倦。年八十四，卒于门人刘源宅。王元鼎为谋，葬安丰心斋季子宗饬墓侧。著有《渔樵答问集》。《心斋集·配享列传》。

据袁著《心斋弟子师承表》，东厓弟子凡二百十人，而自称尝师东厓之李贽不与焉。贽字卓吾，福建晋江人。讲学白下，全以当下自然指点后学，说人都是见见成成的圣人，才学便多了。顾宪成《当下绎》。其言谓"穿衣吃饭，即是人伦物理"。《焚书》。又以无私为架空臆说，大决宋儒无私无欲之樊篱，以故不容于时，而士大夫之好禅者，则往往从之游。《明史》。时如祝无功世禄、周海门汝登、陶石篑望龄、焦澹园、管东溟志道之徒，或鸠合儒释，浩汗而不可方物，虽谓私淑心斋之学，大抵渐失泰州学派之真矣。刘撰《心斋传》。

又王钱，字汝良，号一山，心斋四弟。痛心斋已卒，欲师事东厓，东厓避不敢当，遂持东厓衣冠拜受焉。袁著《师承表》。

王衣，字宗乾，号东埦，心斋长子。方刚仁厚，少与东厓随父游会稽阳明山中。归理家政，督耕煎，裕生计。道州周合川良相从心斋学，与东埦旦夕切磋甚洽，骎骎入道。心斋殁，率诸弟讲明先人格物致知之说。嘉靖四十一年卒，年五十五。袁承业撰《传》。

王褆，字宗饬，号东隅，心斋三子。少游浙，从王龙溪学，阅数载，卒业归。方刚严介，善诗歌，精翰墨。隆庆三年大水，鬻产劝赈，作《水灾吟》。年六十九，先东厓三日卒。著有《心斋遗录私绎》，未刊。_{袁撰《传》。}

王补，字宗完，号东日，心斋四子。从丹徒朱圌泉锡学，圌泉，心斋门弟子也。于书无所不读，尤善诗。唐荆川抚淮扬，造庐谈竟夕。所作《周易解》已散失，有《诗集》行世。隆庆五年卒，年五十。

王裕，字宗化，号渔海，心斋五子。幼敏慧，过目成诵，十岁能属文，成童任家学。撰《周易笺注》六卷，书佚。嘉靖二十三年卒，年十八。_{袁撰《传》。}

王之垣，原名士蒙，字得师，号印心，贡生，东坝子。耿介端方，克绍家学，笃于伦纪。师东厓，娶陈氏，目双瞽，早卒，鳏居二十四年，竟不娶。尝游闽、粤、吴、楚间，访先人讲学之迹，于学谊无不友善。江陵令楚抚捕何心隐，大索不已，印心挺身出自代。心隐奔易之，后冤死狱中。印心为之营葬，痛愤次骨，遂终身不复出。著有《印心

行概性鉴摘题》，书佚。万历三十八年卒，年七十。友人私谥曰"孝义先生"。_{袁著《师承表》。}

王元鼎，字调元，号天真，印心子。弱冠补博士弟子员，从祁门陈文台履祥游，文台，近溪弟子也。游学四方，过嵊县，请益周汝登。归，学益进。搜罗先世遗佚，凡诸名公疏传心斋者，辑为《疏传合编》二卷。睦宗族，敦伦纪。晚年著有《大学溉意》《投壶谱》《内外品》《演王文成文贞寓庸小传》《小海场志》等书，多散佚。_{袁撰《传》。}兹辑录心斋家学，既述东厓，遂并及之。

跋

余七世祖心斋公之学术盛于有明，上自公卿，下至编氓，闻其风者，顽廉懦立。仲子东厓公、族弟一庵公，皆能以学世其家，嗣是而后无闻焉。今弟心织，生于公数百岁后，适当天地晦盲之秋，邪说诡行，摧坏人纪，至有为剖判以来所未睹者，顾独能守阙抱残，不忘祖德，穷年累月，矻矻孜孜，搜罗遗言，约为四类，用能使公之学术晦而复明，绝而复续。编辑既成，将以付梓，而来商于余，余嘉其志，乌能不赞其成哉？且夫述祖德者，未有不出于孝思者也。此书之成，其动机乃出于其幼时庭训之一言，则其不忘厥考，尤为难也。如弟者，可谓善继志述事者矣。余学殖荒落，于公之学术愧未

能有所发明，而窃幸弟之能成此书也。用缀数语，
以跋其后。

愚仲递跋

"新编儒林典要"已出书目